धर्म क्या है

लियो टॉल्सटॉय

अनुवादक
नीहारिका सिंह लोधी
मोनिका कुमारी मिश्रा

प्रभाकर प्रकाशन

ISBN: 978-81-94926-18-4

eISBN: 978-81-94883-50-0

© प्रकाशकाधीन

प्रकाशक: प्रभाकर प्रकाशन

पता: प्लॉट न. 55, मेन मदर डेयरी रोड,

पांडव नगर, ईस्ट दिल्ली-110092

फोन: +91 011-40395855

व्हाट्स ऐप: +91 8447931000

ई-मेल: sales@pharosbooks.in

वेबसाइट: www.pharosbooks.in

संस्करण: 2020

धर्म क्या है?

महात्मा टॉलस्टॉय

भूमिका

मनुष्य जाति का इतिहास बहुत पुराना है और शायद उतना ही पुराना धर्म और मनुष्य का साथ। यह सोचने की बात है कि मनुष्य ने जब अपना विकास स्वयं प्रकृति के सान्निध्य में रहकर किया तब उसने किन परिस्थितियों में आकर धर्म का निर्माण किया होगा? आस्थावान लोगों का मानना है कि मनुष्य ने धर्म का निर्माण नहीं किया, उसका अस्तित्व पहले से ही इस जगत में विद्यमान है। किन्तु फिर भी यदि हम तार्किक होकर सोचने का प्रयास करें तो पाएंगे कि 'धर्म' या 'ईश्वर' मनुष्य द्वारा की गयी रचनाओं में सबसे प्रभावशाली रचना है। आज हमारी सभ्यता समय की जिस सीमा को छू रही है, उस सीमा में धर्म का अस्तित्व बहुत ही प्रबल है। महात्मा टॉलस्टॉय के यह निबंध हमें धर्म के सवालों और उसकी व्याख्याओं से रूबरू करवाते हैं। हमें यकीन है इन निबंधों को पढ़कर पाठकों के भीतर धर्म की छवि का स्पष्टीकरण बहुत ही सुन्दर तरीके से होगा।

-अनुवादक

(1)
धर्म क्या है?

मानव इतिहास में ऐसे ख़ास मौके आए हैं जब प्रारंभ में धर्म अपने मूल उद्देश्य से विमुख हुआ, फिर धीरे-धीरे इतना अलग होता गया कि अपने उद्देश्यों को ही भुला बैठा और अंत में कर्मकांड में फंसकर जड़वत बन गया। इसका परिणाम यह हुआ कि धर्म के प्रति लोगों की धारणायें बदलने लगी।

यही कारण है कि शिक्षित अल्पसंख्यक समूह प्रचलित धार्मिक उपदेशों पर विश्वास करना छोड़ देते हैं। वे सिर्फ अपनी श्रद्धा का दिखावा करते हैं क्योंकि उन्हें जन-साधारण में प्रचलित समाज संगठन को बनाए रखने के लिए इस प्रकार का दिखावा करना आवश्यक प्रतीत होता है। लेकिन जनता, जो यद्यपि अकर्मण्यतावश धर्म के ऊपरी रूपों से चिपटी रहती है, धार्मिक आदेशों के अनुसार जीवन व्यतीत करना छोड़ देती है। वह सिर्फ सामाजिक रूढ़ियों और सरकारी विधानों का अनुसरण करने लगती है।

मानवीय समाज विविधताओं का समाज हैं और इसलिए भिन्न-भिन्न समाजों में बराबर यही होता रहा है। लेकिन हमारे ईसाई समाज में इस समय जो कुछ हो रहा है वैसा पहले कभी नहीं हुआ। समाज का वह अल्पसंख्यक समुदाय, जो संसाधन सम्पन्न वर्ग है तथा जिसका जनता पर सबसे अधिक प्रभाव है, उन्होंने प्रचलित धर्म पर से न केवल अपना विश्वास ही उठा लिया, बल्कि इस बात पर भी यकीन कर लिया है कि धर्म जैसी किसी चीज़ की अब कोई आवश्यकता नहीं है। इतना ही नहीं, वह इससे भी आगे बढ़ गया। उसको चाहिए तो यह था कि वह उन लोगों पर, जो आमतौर पर माने जाने वाले धर्म की सत्यता में संदेह प्रकट करते हैं, यह प्रभाव डालता कि वे ऐसी धार्मिक शिक्षाओं को ग्रहण करें जो प्रचलित धर्म की अपेक्षा अधिक स्पष्ट और बुद्धिगम्य हो, लेकिन उसने इसके विपरीत जनता को यह बात मानने के लिए प्रेरित किया कि मात्र धर्मयुक्त ज़माना गुज़र गया और अब यह न सिर्फ निरुपयोगी है, बल्कि शरीर के किसी विकारयुक्त अंग की भाँति समाज का एक विकृत अंग बन गया है।

इस प्रकार के लोग धर्म की व्यावहारिक रूप से व्यक्त आंतरिक अनुभूति जैसी चीज़ को नहीं मानते। वे इसको बाह्य वस्तु समझते हैं, मानो वह एक रोग है जो कुछ लोगों को लग जाता है और जिसका पता बाहरी लक्षणों द्वारा ही लगा सकते हैं।

धर्म की उत्पत्ति के सन्दर्भ में इनका ख्याल रहा है कि लोग प्रकृति के भिन्न-भिन्न स्वरूपों में आत्मा का अस्तित्व मानने लगें। दूसरे कुछ लोगों की राय में मृत पूर्वजों के साथ संबंध स्थापित हो सकने की कथित संभावना के कारण 'धर्म' का जन्म हुआ। इसके अलावा कुछ लोग ऐसे भी हैं जो यह मानते हैं कि धर्म की उत्पत्ति का कारण लोगों का प्रकृति की शक्तियों से भय खाना है। लेकिन हमारे ज़माने के दिग्गज पंडित कहते हैं कि अब विज्ञान ने इस बात को साबित कर दिया है कि वृक्षों और पत्थरों में आत्मा नहीं हो सकती, न हमारे मरे हुए पूर्वज इस बात को जानते हैं कि उनके जीवित वंशज क्या करते हैं और प्रकृति की शक्तियों का उद्गम स्रोत क्या है? अतः मूल रूप से धर्म के अर्थ में परिवर्तन हुआ और माना गया कि धर्म मात्र एक बंधन है। जिनसे धार्मिक विश्वासों के कारण लोगों ने अपने आपको जकड़ रखा है।

इन दिग्गज विद्वानों की सम्मति है कि धार्मिक युग अज्ञान का युग था। यद्यपि उस युग के कुछ चिह्न अब भी कहीं-कहीं बचे हुए हैं, तथापि मानवता उसको पार कर चुकी है।

एक अन्य विज्ञान अध्यात्म विज्ञान का ज़माना आया, परन्तु वह भी अब बीत चुका है। तात्पर्य कि हम शिक्षित, सभ्य और संस्कृत लोग जिस ज़माने में जीवनयापन कर रहे हैं वह निश्चयात्मक विज्ञान का ज़माना है। इस विज्ञान ने धर्म का स्थान ले लिया है और वह मनुष्य जाति को उन्नति के उस ऊँचे शिखर पर पंहुचा सकती है, जिस पर अंधविश्वास पैदा करने वाली धार्मिक शिक्षा के अधीन रहते हुए भी वह नहीं पहुँच पाती।

सन् 1901 के आरम्भ में बर्थेलो नामक सुप्रसिद्ध फ्रांसीसी ने एक भाषण दिया था।[1] उन्होंने अपने श्रोताओं से कहा कि धर्म का ज़माना गुज़र चुका है। अब धर्म के स्थान पर विज्ञान को स्वीकार करना चाहिए। मैं इस भाषण का उल्लेख यहाँ इसलिए कर रहा हूँ। पहला, यह भाषण इस समय मेरे हाथ में है। दूसरा, यह भाषण एक विश्वविख्यात विज्ञानवेत्ता द्वारा ऐसे नगर में दिया गया है जो शिक्षित संसार की राजधानी है। परन्तु इस प्रकार के विचारों का प्रचार अलग-अलग रूपों में तथ्य संबंधी वैचारिक निबंधों से लेकर समाचार पत्रों के साधारण लेखों तक के द्वारा निरंतर और खुले तौर पर किया जा रहा है।

---

[1] देखिए, 'रिव्यू डी.पेरिस' जनवरी 1901

भाषण के माध्यम से श्रीयुत बर्थेलो कहना चाहते है कि प्राचीन काल में मनुष्य जाति को प्रेरित करने वाली दो प्रेरक शक्तियां थीं- शक्ति और धर्म। लेकिन अब ये दोनों ही प्रेरक शक्तियां अनावश्यक हो गई हैं; जिसका मुख्य कारण विज्ञान का बढ़ता प्रभाव है। विज्ञान से बर्थेलो का मतलब, विज्ञान के तमाम दूसरे क्षेत्रों की भाँति, स्पष्टत: उस विज्ञान से है, जिसका संबंध मनुष्य की जानकारी के संपूर्ण स्रोतों एवं संसाधनों से है। कहा जा सकता है कि विज्ञान में रूपता है, सजातीयता है और वह ऐसे साधनों का स्वामी है जहाँ वह जिस निष्कर्ष पर पहुँचता है वह एकांत रूप से सत्य ही होता है। लेकिन सच तो यह है कि इस प्रकार के किसी विज्ञान का अस्तित्व ही नहीं है और जिस चीज़ को आजकल लोग विज्ञान के नाम से पुकारते हैं वह केवल अधूरे और अप्रासंगिक ज्ञान कणों का संग्रह मात्र है। इन ज्ञान कणों में से अनेक बिल्कुल निरुपयोगी है। ये शुद्ध सत्य प्रकट करने के बजाए बहुधा हमें भद्दे भ्रमजालों में डाल देते हैं। जिन बातों को आज सत्य बताया जाता है उन्हीं का खंडन कर दिया जाता है। यह स्पष्ट है कि बर्थेलो ने धर्म के स्थान पर जिस विज्ञान की कल्पना की थी वास्तव में अभी उसका अस्तित्व ही संदेहास्पद है। फलत: श्रीयुत बर्थेलो और उनके मत को मानने वाले व्यक्तियों का यह दावा है कि विज्ञान धर्म का स्थान ग्रहण कर लेगा, जो कि सर्वथा मनमाना दावा है। इसका आधार वह अयथार्थ श्रद्धा है जो विज्ञान को अचूक समझती है, किन्तु यह ठीक वैसा ही विश्वास है जैसा विश्वास पुरोहित लोग धर्म के सम्बन्ध में रखते है।

इसके अतिरिक्त कुछ ऐसे व्यक्ति भी समाज में मौजूद हैं जो शिक्षित समझे जाते हैं या जो अपने आपको शिक्षित समझते हैं। उनका विज्ञान के सन्दर्भ में अटल विश्वास है कि यह अपना अस्तित्व धर्म के स्थान पर अवश्य ग्रहण कर सकता है। या इनके मतानुसार कहा जाए कि विज्ञान ने धर्म का स्थान ले भी लिया है।

"धर्म पुराना पड़ गया है, सिवाए विज्ञान के अन्य किसी वस्तु में श्रद्धा रखना नि:संदेह अज्ञानता का परिचायक है क्योंकि जो कुछ आवश्यक है, वह सब विज्ञान जुटा सकता है और इसलिए प्रत्येक व्यक्ति को अपने जीवन में विज्ञान के पथ-प्रदर्शन में काम करना चाहिए।"- वैज्ञानिक ऐसा कहते और सोचते रहते हैं और साधारण श्रेणी के वे लोग भी जो हालांकि वैज्ञानिक नहीं हैं, लेकिन वैज्ञानिकों में विश्वास रखते हैं, वे भी उनके स्वर में स्वर मिलाकर कहते हैं कि धर्म बीते ज़माने का अंधविश्वास है और इसलिए अब हमें जीवन में विज्ञान को ही अपना पथ-प्रदर्शक मानना चाहिए। इसका असली तात्पर्य यह हुआ कि

जीवन में हमारा कोई पथ-प्रदर्शक न हो। कारण कि विज्ञान (जिसका उद्देश्य यह है कि जो कुछ है उसी का अध्ययन करना है) हमारा किसी प्रकार मार्गदर्शन नहीं कर सकता।

2

कई विद्वानों ने पूर्ण रूप से धर्म को अनावश्यक मान लिया है क्योंकि उनकी दृष्टि में विज्ञान का स्थान शीर्ष पर है या विज्ञान ने धर्म का स्थान प्राप्त कर लिया है। लेकिन फिर भी यह सत्य अमिट है कि धर्म के बिना न तो पहले और न अब कोई मनुष्य, समाज और विवेकवान व्यक्ति जिन्दा रहा है, न रह सकता है। 'विवेकवान पुरुष' इस वाक्यांश का मैंने जान-बूझकर प्रयोग किया है; क्योंकि एक विवेकहीन व्यक्ति पशुओं की भाँति बिना धर्म के भी जिन्दा रह सकता है, लेकिन बुद्धिमान व्यक्ति धर्म के बिना नहीं रह सकता। कारण कि धर्म ही उसका आवश्यक पथ-प्रदर्शन कर सकता है। जीवन में किस कार्य को पहले और किस कार्य को बाद करना चाहिए तथा किस कार्य को करने में बेहतरी है।

विवेकवान व्यक्ति की यह विशेष प्रकृति होती है कि वह प्रत्येक वस्तु को बौद्धिकता की कसौटी पर कसता है, इसलिए वह बिना धर्म के जीवित नहीं रह सकता। प्रत्येक पशु अपने सारे काम उनके प्रत्यक्ष परिणामों को दृष्टी में रखकर करता है। इससे मेरा मतलब उन कामों से नहीं है जो उसको अपनी तात्कालिक आवश्यकताओं की पूर्ति के लिए करने पड़ते हैं। अपने विवेक के अनुसार परिणामों पर विचार करके वह तदनुसार आचरण करता है।

वास्तव में, इस प्रकार के व्यक्ति अपनी ही धारणा के साथ बिना किसी तरह की हिचकिचाहट के कार्य करते है। उदाहरणार्थ, शहद की मक्खी इसलिए शहद एकत्र करने के लिए उड़ती है और छत्ते में शहद एकत्र करती है कि सर्दी के मौसम में उसको अपने और अपने बच्चों के लिए भोजन की आवश्यकता होगी। इस ख़याल के अलावा वह न तो और कोई बात जानती है और न जानना चाहती है। जब कोई पक्षी अपना घोंसला बनाता है अथवा उत्तर दिशा से दक्षिण दिशा को और दक्षिण दिशा से उत्तर दिशा को प्रयाण करता है तो वह भी इसी विचार से प्रभावित होकर काम करता है। प्रत्यक्ष और तात्कालिक आवश्यकता को पूरा करने की अवस्था से अलग जब कोई पशु पूर्वकल्पित परिणामों के ख़याल से किसी काम को करता है तो यह इसी प्रकार का आचरण है। लेकिन मनुष्य के लिए यह नियम नहीं है। मनुष्य और पशु के बीच में जो भेद है वह यही है कि पशु की बौद्धिक शक्तियां, जिन्हें हम अन्त: प्रेरणा (Instict) कहते हैं, उसी तक सीमित होती है;

किन्तु मनुष्य की मौलिक दर्शन शक्ति उसका विवेक है। जब कोई मधुमक्खी मधु का चयन करती है तो उसको कभी इस बारे में शक नहीं होता कि शहद एकत्र करना अच्छा है या बुरा; लेकिन मनुष्य अपनी फसल काटते समय यह अवश्य विचार करेगा कि भावी फसलों की पैदावार तो कम नहीं हो जाएगी और कहीं वह अपने पड़ोसी के मुंह का ग्रास तो नहीं छीन लेगा। वह इस बात पर आश्चर्य प्रकट किए बिना भी नहीं रह सकता है कि जिन बच्चों का वह पालन पोषण कर रहा है वे आगे चलकर कैसे बनेंगे। कहने का तात्पर्य यह है कि मानवीय सद्भाव के साथ अपने प्रत्येक कार्य में बुद्धि का सहारा जरूर लेगा। एक समझदार व्यक्ति आचरण संबंधी अत्यन्त महत्त्वपूर्ण प्रश्नों का अंतिम निपटारा नहीं कर सकता क्योंकि वह इस बात को भली भाँति जानता है कि उसके कार्यों के अनेक परिणाम निकल सकते हैं। प्रत्येक बुद्धिमान मनुष्य जानता है, अथवा कम से कम अनुभव करता है कि जीवन के अत्यन्त महत्त्वपूर्ण प्रश्नों के संबंध में वह न तो अपनी व्यक्तिगत भावनाओं और न अपने कार्यों के तात्कालिक परिणामों के ख़याल से प्रेरित हो सकता है। इसका कारण यह है कि जो परिणाम उसको दृष्टिगोचर होते हैं। वे बहुसंख्या में बहुधा एक-दूसरे से इतने विपरीत होते हैं, जिससे कि वे उसके तथा दूसरे लोगों के लिए कल्याणप्रद और नुकसानदायक दोनों ही साबित हो सकते हैं। इस संबंध में एक पौराणिक कथा प्रचलित है कि एक बार स्वर्ग से एक देवदूत पृथ्वी पर उतरा। उसने एक ईश्वर भक्त व्यक्ति के घर में प्रवेश किया और पालने में सोये हुए नन्हे से शिशु को मार डाला। जब उससे दरियाफ्त किया गया कि उसने ऐसा क्यों किया तो उसने उत्तर दिया कि अगर इस बच्चे को जिन्दा रहने दिया जाता तो आगे चलकर यह भयंकर नर पिशाच साबित होता और कुटुम्ब की सुख शान्ति को बर्बाद कर देता। लेकिन यह बात इस प्रश्न के लिए लागू नहीं हो सकती कि किन मनुष्यों का जीवन उपयोगी है, किनका अनुपयोगी है और किनका हानिकारक? कोई भी विवेकवान व्यक्ति जीवन संबंधी अत्यन्त महत्त्वपूर्ण प्रश्नों का केवल उनके तात्कालिक परिणामों का विचार करके ही निपटारा नहीं कर सकता। पशु जिन भावनाओं से प्रेरित होकर काम करता है, उनसे एक विवेकवान व्यक्ति संतुष्ट नहीं हो सकता। एक मनुष्य चाहे तो अपने को पशुओं में रहने वाला पशु समझ सकता है। यह सोच सकता है कि उसका जीवन क्षणभंगुर है, अथवा वह अपने को एक परिवार का, समाज का, या राष्ट्र का सदस्य मान सकता है और अपना जीवन शताब्दियों लम्बा समझ सकता है, या यों कहें कि उसे समझना पड़ता है। क्योंकि उसका विवेक बल पूर्वक उसे ऐसा मानने को प्रेरित करता है- कि वह अनन्त, अनादि और सम्पूर्ण सृष्टि का अंग है। इसलिए अपने कार्यों पर असर डालने वाले जीवन संबंधी छोटे-छोटे प्रश्नों के संबंध में विवेकशील व्यक्तियों को वही करना चाहिए, जैसा की

उन्होंने हमेशा किया है, जिसे अंकगणित में संयोजन (integrate) कहते हैं, अर्थात् उन्हें जीवन के तात्कालिक तथ्यों के साथ संबंध स्थापित करने के अलावा देश और काल से परे उस गहरा, अखंड और अनादि के साथ, जिसका कि वह अपने आपको एक अंश समझता है और जिससे वह अपने आचरण के संबंध में पथ प्रदर्शन प्राप्त करता है। इसी को धर्म कहा गया है और कहा जाता है। अत: धर्म प्रत्येक विवेकी और चिंतनशील मानव समाज के जीवन का एक अनिवार्य अंग रहा है। नि:संदेह भविष्य में भी रहेगा।

3

उच्च स्तर की धार्मिक चेतना से प्रेरित व्यक्ति के धर्म सम्बन्धी विचार इसी भांति होता है और शायद यही चेतना मनुष्य को पशुओं से अलग करती है। स्वयं धर्म शब्द की उत्पत्ति के मूल में देवताओं की पूजा का भाव सन्निहित है, अथवा जैसा कि साधारणत: समझा जाता है कि 'धर्म' का अर्थ- 'अदृश्य शक्तियों के प्रति अपने कर्तव्य का एक बंधन है।' धर्म की अत्यन्त प्राचीन और बहुचर्चित व्याख्या यह है कि 'धर्म ईश्वर और मनुष्य के बीच संबंध जोड़ने वाली एक कड़ी है।' वावेनार्क का कथन है- "ईश्वर के प्रति मनुष्य के कर्तव्य का नाम धर्म है।" श्लेईमाचर और फ्यूर बाक भी धर्म का यही अर्थ करते हैं। उनका कथन है कि धर्म का आधार मनुष्य की वह आत्मानुभूति है जिसके द्वारा वह अपने आपको ईश्वर पर निर्भर अनुभव करता है। बेल के कथन के अनुसार धर्म ईश्वर और प्रत्येक मनुष्य के बीच का मामला है। बेन्जमिन कान्स्टन्ट कहते हैं कि धर्म आत्मा की आवश्यकताओं और बुद्धि के परिणामों का नाम है। "धर्म एक विशेष प्रकार का साधन है जिसके द्वारा मनुष्य अति मानुषी और रहस्यमयी शक्तियों के साथ, जिन पर कि वह अपने आपको निर्भर समझता है, अपना संबंध स्थापित करता है।"- गोबलेट दी.एल.वी एला। "मनुष्य जीवन की उस व्याख्या का नाम धर्म है जिसका आधार मनुष्य की आत्मा और उस रहस्यमयी शक्ति के संबंध पर है जिसका स्वामित्व वह अपने तथा समस्त विश्व पर स्वीकार करता है और जिसके साथ मनुष्य अपनी एकात्मता अनुभव करता है।"- ए. रिवाहल।

व्यावहारिक तौर पर मनुष्य जिस पारलौकिक आत्मा और परमात्मा की सत्ता के प्रति आस्था तथा सम्बन्ध स्थापित करते है। वास्तव में, वही धर्म का मूल तत्व है।

हमेशा से इसी को धर्म का तत्व समझा गया है और आज भी जो लोग उच्च मानवीय विशेषता से वंचित नहीं है, ऐसा ही मानते हैं। संबंध का स्वरूप अलग-अलग काल में कितना ही अलग क्यों न रहा हो, उसने हमेशा इस संसार में मनुष्य के लक्ष्य को निर्धारित

किया है। उसी के द्वारा स्वभावत: मनुष्यों को अपने आचरण अथवा व्यवहार के बारे में पथ-प्रदर्शन मिलता रहा है। एक यहूदी ने अपने और उस अनन्त शक्ति के बीच का संबंध इस अर्थ में समझा कि वह संसार की सब जातियों में से ईश्वर की एक विशिष्ट प्रिय जाति का सदस्य है और इसलिए ईश्वर को साक्षी समझ कर उसको उस समझौते का पालन करते रहना चाहिए, जो ईश्वर ने यहूदियों के साथ किया है। एक यूनानी ने उसी संबंध को इस रूप में समझा कि चूँकि उसका जीवन शाश्वत शक्ति के प्रतिनिधियों अर्थात् देवताओं पर निर्भर है, इसलिए उसको वे ही कर्म करने चाहिए जो इन देवताओं को प्रसन्न कर सकें। एक ब्राह्मन अपने आपको सर्वव्यापी ब्रह्म की अभिव्यक्ति समझता है और इसीलिए वह इस बात को मानता है कि उसको सांसारिक सुखों का परित्याग करके उस सर्वश्रेष्ठ शक्ति का साक्षात्कार करने का प्रयास करना चाहिए। एक बौद्ध मतावलम्बी ने उस अनन्त विभूति के साथ अपना संबंध समझा और आज भी समझता है कि एक जीवन से दूसरे जीवन में प्रवेश करते समय उसे अनिवार्य रूप से कष्ट भोगना पड़ता है और इन कष्टों का जन्म उसकी अपनी लालसाओं और वासनाओं से ही होता है, इसलिए उसका कर्तव्य सब प्रकार की लालसाओं और वासनाओं का दमन करने का प्रयत्न करना है, ताकि वह मोक्ष प्राप्त कर सके। किसी भी धर्म पर हम दृष्टि डालें, हम को हरेक धर्म में यही सिद्धांत छिपा हुआ नज़र आता है। मनुष्य धर्म के द्वारा अपने और अनन्त आत्मा के बीच, जिसके साथ कि वह अपने को संबंधित अनुभव करता है, किसी न किसी प्रकार का संबंध स्थापित करता है और फिर उसके द्वारा वह अपने आचरण के संबंध में पथ-प्रदर्शन प्राप्त करता है। अत: जो धर्म उस परम तत्व और मनुष्य के बीच संबंध न जोड़ता हो जैसा कि पाषाण-पूजा और तंत्र-मंत्र की विधियों के संबंध में होता है, वह वास्तविक धर्म नहीं, बल्कि धर्म का अपभ्रंश होगा। अत: धर्म के नाम पर छलावा मात्र है। यदि कोई धर्म ईश्वर और मनुष्य के बीच कुछ न कुछ संबंध जोड़ भी देता हो, लेकिन अगर यह संबंध ऐसे मंतव्यों द्वारा जोड़ा गया हो जो मनुष्य की बुद्धि और वर्तमान कालीन ज्ञान भण्डार के विपरीत हो और इसलिए जिन पर कोई व्यक्ति सच्चे दिल से श्रद्धा न ला सके, तो वह भी धर्म नहीं, बल्कि धर्म का पाखंड होगा। इसी प्रकार उस वस्तु को भी हम धर्म नहीं कहेंगे। सर्वशक्तिमान जो इस अनन्त जीवन के साथ मनुष्य जीवन की एकता स्थापित न कर सके। न हम ऐसे सिद्धांतों में विश्वास रखने को ही धर्म कह सकते हैं जिनसे मनुष्य को अपने व्यवहार के संबंध में कोई निश्चित पथ-प्रदर्शन नहीं मिलता। कह सकते है कि धर्म पथ-प्रदर्शक अवश्य है लेकिन इससे जुड़े पाखंडी सिद्धांत एवं मान्यतायें पथ-भ्रष्टक का सूचक है।

चहुँ दिशाओं में अनन्त शक्ति का व्याप्त होना एवं उसके साथ ही ज्ञान और बौद्धिक संबंध स्थापित करने का नाम ही 'धर्म' है। इस प्रकार का धर्म ही मनुष्य के जीवन को उस अनन्त शक्ति के साथ बांधता है और उसका मार्गदर्शन करता है।

4

मनुष्य एक ऐसा प्राणी है जो कि बिना धर्म के कभी भी जीवित नहीं रह सकता। अत: ऐसा कहा जा सकता है कि धर्म को ही अपने अस्तित्व का आधार मानता है। इसलिए चाहे कोई भी युग, स्थान या परिवेश हो धर्म हर जगह विद्यमान रहता है। तथापि वर्तमान समय के महान विद्वान, मालियर के 'अनाड़ी वैध' की भाँति, जिसने कहा था कि कलेजा मनुष्य के बाईं ओर होता है, कहते हैं कि अब तो हमने सब कुछ परिवर्तित कर दिया है। उनका ख़याल है कि हम लोग धर्म के बिना अपना जीवन बिता सकते हैं और हमको बिताना चाहिए।

लेकिन धर्म का मनुष्य समाज के लिए भूतकाल की भाँति आज भी वही उपयोग है, अर्थात् वह मनुष्य समाज की प्रधान प्रेरक शक्ति और हृदय है। उसके बिना मनुष्य जीवन उसी प्रकार असंभव है जिस प्रकार हृदय के बिना शक्ति का बने रहना। ईश्वर अथवा देवताओं के साथ मनुष्य के संबंध को प्रकट करने के लिए अनेक धर्म हो चुके हैं और आज भी प्रचलित हैं। धर्मों की यह विविधता भिन्न-भिन्न समय में भिन्न-भिन्न देशों के लोगों के विकासक्रम के अनुसार रही है। लेकिन जिस समय से मनुष्य विवेकवान प्राणी बना है तब से आज तक मनुष्यों का कोई समाज ऐसा नहीं हुआ, जिसमें मनुष्य बिना धर्म के जीवित रह सके हों या जीवित रहे हों।

कई बार कुछ अवसर ऐसे आते है, जब प्रचलित धर्म इतना पतित, भ्रष्ट और जीवन से इतना पिछड़ जाता है कि वह मनुष्य जीवन के लिए पथ-प्रदर्शक नहीं रहता। लेकिन मनुष्यों के जीवन पर धर्म के प्रभाव का ऐसा लोभ (और भिन्न-भिन्न अवसरों पर ऐसा प्रत्येक धर्म में हुआ करता है) ज्यादा दिनों तक कायम नहीं रहता। इसकी वजह यह है कि धर्म का और प्रत्येक जीवित पदार्थ का यह प्रधान लक्षण होता है कि वह पैदा होता है, बढ़ता है, बूढ़ा होता है और मर जाता है। इसके बाद वह फिर जीवन धारण करता है, और उसका स्वरूप पहले से अधिक पूर्ण होता है। जब धर्म अपने विकास के उच्च शिखर पर पहुँच जाता है तो उसके बाद हमेशा उसकी वृद्धावस्था और मृत्यु का काल शुरू होता है। इसके बाद फिर एक नवीन युग का आविर्भाव होता है। यह युग धर्म के पुनरुत्थान का युग होता है। इस युग में पहले की

अपेक्षा और अधिक स्पष्ट और विवेकपूर्ण धार्मिक सिद्धान्तों की स्थापना होती है। प्रत्येक धर्म में उत्थान, पतन और पुनरुत्थान के ऐसे युग आ चुके हैं। गंभीर ब्राह्मण धर्म जब पुराना पड़ने लगा और अपने मूल उद्देश्यों से भिन्न निश्चित और भद्दा रूप धारण करके जड़ बन गया तो जहाँ एक ओर ब्राह्मण धर्म में ही पुनरुत्थान की भावना जागृत हुई वहाँ दूसरी ओर बौद्ध धर्म की उच्च शिक्षाओं का प्रादुर्भव हुआ। बौद्ध धर्म ने मनुष्य और ईश्वर के संबंधों के बारे में मनुष्य जाति की धारणा को बहुत व्यापक बनाया। यूनानी और रोमन धर्मो को भी पतन के दिन देखने पड़े और जब उनका पतन चरम सीमा पर पहुँचा तो अन्त में ईसाई धर्म का उदय हुआ। वही घटना गिर्जा प्रणाली सम्मत ईसाई धर्म के जीवन में भी घटित हुई। बीजेण्टाइम काल में इस धर्म का इतना ह्रास हुआ कि सभी जगह पाषाण तथा अनेक देवी-देवताओं की पूजा होने लगी। इस पतित और भ्रष्ट ईसाई धर्म की बाढ़ को रोकने के लिए एक तरफ पालीशियन[2] समुदाय का जन्म हुआ और दूसरी तरफ त्रिमूर्ति और मेरी की आराधना के सिद्धांत के ख़िलाफ़ कठोर इस्लाम धर्म अस्तित्व में आया। (इस्लाम धर्म का मूलभूत सिद्धांत एकेश्वरवाद था) । यह बात मध्यकालीन पोपशाही ईसाइयत के संबंध में हुई। उसने धार्मिक शोध के आन्दोलन को जन्म दिया। इस प्रकार यह स्पष्ट है कि जब-जब बहुसंख्यक लोगों पर धर्म का प्रभाव कम हुआ है, तब-तब अनिवार्यतः सभी धार्मिक शिक्षाओं का विकास हुआ है और उनमें नया जीवन आया है। इसका कारण यह है कि अपने वास्तविक अर्थ में- चाहे वह अर्थ कितना ही असंगत क्यों न हो- हर धर्म हमेशा मनुष्य और सर्वव्यापी शक्ति के बीच, जो सभी व्यक्तियों के लिए समान है, संबंध स्थापित करता है। हर धर्म इस बात को स्वीकार करता है कि इस सर्वव्यापी शक्ति की तुलना में एक बूँद की भाँति है। इसलिए हर धर्म में इस कल्पना को स्थान प्राप्त है कि जिस वस्तु को वह परमात्मा कहकर स्वीकार करता है उसके सामने सब मनुष्य समान है। न कोई छोटा है, न कोई बड़ा। फिर वह धर्म जिसको परमात्मा कहकर मानता है, वह चाहे अग्नि हो, विद्युत हो, वायु हो, वृक्ष हो, कोई जानवर विशेष हो, वीर व्यक्तिहो अथवा मृतक या जीवित राजा ही क्यों न हो। इस तरह हर धर्म का यह मूलभूत और अनिवार्य लक्षण है कि वह मनुष्य मात्र की समानता के सिद्धांत को

---

² पालीशियन ईसाइयों का वह धार्मिक समुदाय था, जिसने पूर्वीय गिज के इतिहास में (सातवीं से बाइसवीं सदी तक) बहुत महत्त्वपूर्ण कार्य किया। उन्होंने चर्च द्वारा प्रतिपादित ईसा की शिक्षाओं को मानने से इनकार कर दिया। परिणाम स्वरूप ये लोग निर्दयतापूर्वक सताए और उत्पीड़ित किए गए थे।

स्वीकार करता है। लेकिन मनुष्यों के वास्तविक जीवन में समानता कहीं भी और कभी भी स्थापित नहीं हुई, न इस ज़माने में कहीं नज़र आती है।

कारण मनुष्या का समानता[3] में भरोसे रखने वाले किसी नवीन धार्मिक सिद्धांतों ने जैसे ही किसी समाज में जन्म लिया, कुछ लोगों ने उसकी तद्विषयक शिक्षा को हेर-फेर कर उसके मौलिक पहलू पर पर्दा डालने का प्रयास किया क्योंकि असमानता में ऐसे लोगों का स्वार्थ निहित था। जहाँ कहीं किसी नए धर्म ने जन्म लिया वहाँ सब जगह हमेशा ऐसा ही हुआ। यह सब अधिकार जान-बूझकर नहीं किया गया। ऐसा सिर्फ इसलिए हुआ कि जिन लोगों का स्वार्थ असमानता में ही सिद्ध होता था, उन्होंने अर्थात् सत्ताधारियों और धनवानों ने अपनी स्थित में बदलाव किए बिना ही धार्मिक शिक्षा के अनुरूप अपनी असमान स्थिति का औचित्य सिद्ध करना चाहा और फलस्वरूप धार्मिक शिक्षाओं का ऐसा अर्थ प्रचलित किया, जिससे असमानता का समर्थन होता था। इस प्रकार धर्म का ह्रास हो जाने पर स्वभावतः जो लोग दूसरों पर मनमानी चलाते थे, वे भी अपने व्यवहार को उचित समझने लगे और जब जन साधारण में ऐसे कलुषित धर्म को मानते हैं उसके आदेश के अनुसार उन्हें सत्ताधारियों के अधीन रहना चाहिए और उनकी आज्ञाओं का पालन करना चाहिए। इस प्रकार की प्रवृति जनमानस के भीतर तक घर कर गया था।

5

मनुष्य अपने जीवन में कर्म को प्रधान मानते है और इसलिए मनुष्य जाति के सब प्रकार के कार्यों के मूल में तीन प्रेरक कारण हैं: अनुभूति, विवेक और संकेत। इनमें से अंतिम वस्तु वही है जिसको डाक्टर सम्मोहन शक्ति कहते हैं। बहुत बार व्यक्ति अपनी आतंरिक प्रेरणा से प्रभावित होकर कार्य करता है, सिर्फ अपनी अभिलक्षित वस्तु को प्राप्त करने के लिए प्रयास करता है। अनेक बार वह केवल बुद्धि के वशवर्ती होकर कार्य करता है। उसका कर्तव्याकर्तव्य का अंतर बताता है। लेकिन बहुत बार, बल्कि यह कहना अधिक उपयुक्त होगा कि बहुधा मनुष्य इसलिए कार्य करता है कि उसने स्वयं अपना अथवा दूसरे अन्य लोगों ने उसको उस कार्य के करने का संकेत किया होता है। जीवन की साधारण

---

[3] इसका मतलब यह हुआ कि परमात्मा की नज़र में हम सब समान हैं और इसलिए मानवीय क़ानून और रिवाज़ ऐसे होने चाहिए जो मनुष्य मात्र को जीवित एवं स्वतंत्र रहने और सुख की खोज करने का समान अधिकार देते हों। इसके अलावा यह भी कि मनुष्य आपस में एक दूसरे के साथ भाई-भाई की तरह बर्ताव करें।

परिस्थितियों में ये तीनों बातें व्यक्ति को समान रूप से प्रेरित करती है। अन्त: स्फूर्ति व्यक्ति को किसी कार्य विशेष की ओर आकर्षित करती है। बुद्धि वर्तमान परिस्थितियों, भूतकाल के अनुभवों और भविष्य की आशाओं को दृष्टि में रखकर उस कार्य के भले बुरे का निर्माण करती है। इस प्रकार अन्त: स्फूर्ति द्वारा उत्पन्न और बुद्धि द्वारा अनुमोदित कार्यों के करने के लिए अन्त: स्फूर्ति और बुद्धि के अलावा संकेत (suggestion) मनुष्य को प्रेरित करता है। अगर मनुष्य में अन्त: स्फूर्ति न हो तो वह किसी कार्य की ज़िम्मेदारी नहीं उठा सकता। अगर उसमें बुद्धि न हो तो वह अपने और दूसरे लोगों को नुकसान पहुँचाने वाली अनेक परस्पर विरोधी प्रवृत्तियों को अपना लेगा। यदि उसमें अपने स्वयं के तथा अन्य व्यक्तियों के संकेतों पर चलने की योग्यता न हो तो उसको हमेशा अन्त: स्फूर्ति का आश्रय लेना पड़ेगा और अपनी बुद्धि को अन्त: स्फूर्ति के औचित्यानौचित्य का पता लगाने के लिए रखना पड़ेगा। इस प्रकार मनुष्य के छोटे से छोटे कार्यों के लिए भी इन तीनों प्रभावों का होना अनिवार्य है। अगर कोई व्यक्ति एक स्थान से उठकर दूसरे स्थान को जाता है तो इसका कारण यह है कि अन्त: स्फूर्ति ने उसको एक स्थान से दूसरे स्थान पर जाने के लिए प्रेरित किया है, बुद्धि ने उसके इस अभिप्राय का समर्थन किया है (इस उदाहरण में जैसे एक विशेष रास्ते पर कदम उठा कर चलना)। शरीर के अवयव आज्ञा का पालन करते हैं और मनुष्य उस निर्दिष्ट मार्ग पर चलने लगता है। जिस समय वह चलता रहता है उसकी अन्त: स्फूर्ति और बुद्धि अन्य कार्य करने को स्वतंत्र होते हैं। अगर उसमें अपना तथा दूसरों के संकेत पर चलने की योग्यता न होती तो ऐसा होना संभव नहीं था। मनुष्य समाज के सम्पूर्ण कार्यों में और उन में भी सबसे महत्त्वपूर्ण धार्मिक कार्य में हमको यही बात दिखाई देती है। अत: स्फूर्ति मनुष्य और परमात्मा के बीच संबंध स्थापित करने की आवश्यकता जागृत करती है, बुद्धि उस संबंध की सीमाएं निश्चित करती है और संकेत मनुष्य को उस संबंध के अनुरूप कार्य करने के लिए प्रेरित करता है। लेकिन ऐसा तभी तक होता है जब तक धर्म शुद्ध और निर्विकार रहता है। जब धर्म विकृत होने लगता है तो संकेत का प्रभाव मनुष्य पर अधिकाधिक मजबूत होता जाता है और अन्त: स्फूर्ति तथा बुद्धि के कार्यों की गति मंद पड़ जाती है। संकेत के तरीके हमेशा और हर जगह एक ही प्रकार के होते हैं। उनका समावेश इस बात में होता है कि वे मनुष्य का ऐसे अवसर पर उपयोग करते हैं जब उसमें संकेत ग्रहण करने की शक्ति बहुत अधिक मात्रा में होती है। उदाहरणार्थ- बाल्यकाल और जीवन की महत्त्वपूर्ण घटनाओं- जैसे मृत्यु, जन्म, विवाहोत्सव आदि के समय। व्यक्ति पर कला स्थापत्य, मूर्ति निर्माण, चित्रकला, संगीत और अभिनयों द्वारा प्रभाव डाला जाता है और जब वह ग्रहण करने की स्थिति- जिसकी तुलना हम उस स्थिति के साथ कर सकते हैं जो कि

व्यक्तियों पर सम्मोहन करने से पैदा होती है, में होता है तो संकेत करने वाला जो कुछ चाहता है उसके दिमाग में बिठा देता है।

प्राचीन समय से धर्मों के भीतर मौजूदा घटनाक्रम एवं आडंबर युक्त पद्धति का अवलोकन हम कुछ इस प्रकार कर सकते हैं। जहाँ उच्च ब्राह्मण धर्म को हम भद्दी पाषाण पूजा के रूप में पतित हुआ पाते हैं। लोग गायन-वादन द्वारा और सुगंधिक धूप दीप जलाकर अलग-अलग मंदिरों में असंख्य मूर्तियों की पूजा करने लगते हैं। पैगम्बरों द्वारा प्रचारित प्राचीन यहूदी धर्म को हम एक विशालकाय मंदिर में देवता की पूजा के रूप में परिवर्तित होता देखते हैं, जहाँ धीमी-धीमी गानों और जुलूसों के अलावा कुछ नहीं होता। महान बौद्ध धर्म भी इसी प्रकार परिवर्तित हो जाता है। मठ स्थापित होते हैं, बुद्ध की मूर्तियां प्रतिष्ठित होती है और नाना प्रकार की दिखावटी विधियाँ अपना ली जाती है। अन्त में बौद्ध धर्म को हम रहस्यमयी लामावाद के रूप में देखते हैं। इसी प्रकार चीन का 'ताओ धर्म' भी आगे चलकर सिर्फ जादू-टोने और तंत्र-मंत्र में बदल जाता है। अत: धर्म का स्वरूप विकृत होता गया।

सब धर्मों में हमेशा यही होता आया है कि जब-जब धर्मों ने विकृत रूप धारण करना आरम्भ किया तो धर्माचार्यों ने पहले तो मनुष्यों को ऐसी स्थिति में डाला कि उनकी बुद्धि मन्द हो गई और बाद में मनचाही बातों पर मनुष्यों की श्रद्धा ज़माने का भरसक प्रयास किया और सब धर्मों में उन्हीं तीन बातों की ओर लोगों को प्रेरित करना आवश्यक समझा गया जिनका ज़िक्र ऊपर किया गया है। ऐसा करने की वजह यह थी कि एक पतनशील धर्म जिन विकारों का शिकार हो सकता है उनके लिए वे बातें आधारशिला का कार्य करती हैं। सबसे पहले लोगों को यह सुझाया गया कि समाज में एक विशेष प्रकार के मनुष्य होते हैं और केवल वे ही परमात्मा अथवा देवताओं और मनुष्यों के बीच मध्यस्थ का कार्य कर सकते हैं। दूसरी बात यह कि चमत्कार हुए हैं और होते हैं, जो इन मध्यस्थ लोगों के कथन की सत्यता को पुष्ट और प्रमाणित करते हैं। अंतिम और तीसरी बात लोगों को यह बताई गई कि कुछ शब्द ऐसे हैं जो या तो मौखिक रूप से दुहराए जाते हैं या किताबों में लिखे हुए हैं। ये शब्द परमात्मा के अटल संकल्प को व्यक्त करते हैं और इसलिए परम पवित्र और अचूक है। जैसे ही सम्मोहन के प्रभाव में आकर जनता इन बातों को मानने लगती है, वे सब बातें भी पवित्र और सच्ची मानी जाने लगती हैं जो ईश्वर और मनुष्यों के ये मध्यस्थ अपने मुँह से कहते हैं। इस प्रकार धर्म को विकृत करने का प्रधान उद्देश्य सफल हो जाता है, अर्थात् मनुष्य मात्र की समानता के सिद्धांत पर पर्दा पड़ जाता है, समाज में घोर

असमानता की स्थापना हो जाती है और उसका समर्थन होने लगता है। समाज जातियों और उपजातियों में विभक्त हो जाता है। कुछ लोग ईश्वर के प्यारे कहलाने लगते हैं तो कुछ धर्मद्रोही। कुछ लोग पुरातनतावादी और कुछ नास्तिक तथा कुछ साधु महात्मा और कुछ पापी समझ लिए जाते हैं। मनुष्य-मनुष्य के बीच भयंकर असमानता को हमने स्वीकार कर लिया है। हमने व्यक्तियों को उनके धार्मिक विश्वासों के अनुसार पादरियों और गृहस्थों में ही नहीं बांटा है; बल्कि सामाजिक स्थिति के अनुसार हमने उनको शासकों और शासितों में भी बांट दिया है, और संत पाल की शिक्षाओं के अनुसार इस बंटवारे को हम ईश्वर सम्मत मानते हैं।

6

अन्य धर्मों की भाँति ईसाई गिर्जा धर्म ने भी बिल्कुल निश्चित और उग्र रूप में मनुष्य-मनुष्य के बीच असमानता को स्थापित कर डाला है। वह न केवल धर्माचार्यों और गृहस्थों का अन्तर ही स्वीकार करता है, बल्कि समाज में अमीर और गरीब, मालिक और गुलाम का भेद भी उसको मान्य है। लेकिन अगर हम धर्मग्रंथों में लिखी हुई ईसाई धर्म की प्राचीन शिक्षाओं पर विचार करें तो हमें मालूम होगा कि अन्य धर्मों को दूषित करने के लिए जो प्रमुख साधन काम में लाए गए उनको पहले से महसूस कर लिया गया था और उनके खिलाफ स्पष्ट रूप से चेतावनी दे दी गई थी। पादरी समाज के खिलाफ इन धर्मग्रंथों में स्पष्ट रूप में लिखा हुआ है कि कोई व्यक्ति दूसरे व्यक्ति का गुरू नहीं बन सकता- "न किसी व्यक्ति को अपना गुरु कहो- न खुद को मालिक कहाओ।" धर्म ग्रंथों को पवित्र समझ लेने के खिलाफ यह कहा गया कि शब्दों में कुछ नहीं रखा है, उनके भाव को ही महत्त्वपूर्ण समझो। यह भी कहा गया है कि मनुष्य को सामाजिक बंधनों को नहीं मानना चाहिए और समस्त धार्मिक सिद्धांतों और पैगम्बरों के उपदेशों का, अर्थात् पवित्र और सत्य माने जाने वाले सम्पूर्ण ग्रंथों का, निचोड़ यह है कि व्यक्ति को दूसरों के साथ वैसा ही व्यवहार करना चाहिए जैसा कि वह दूसरों से स्वयं के लिए चाहता है। इतना तो धर्म को विकृत करने को दो साधनों के बारे में हुआ। रहा तीसरा प्रकार सो यदि उन ग्रंथों में चमत्कारों के खिलाफ कुछ नहीं कहा गया और यदि बाइबिल में कुछ ऐसे चमत्कारों का वर्णन है जिनके लिए ख़याल किया जाता है कि ईसा मसीह ने उनको किया था, तो भी उस धर्म शिक्षा की सारी भावना से इतनी बात बिल्कुल स्पष्ट है कि ईसा मसीह ने अपनी शिक्षाओं के औचित्यानौचित्य को प्रमाणित करने के लिए अलौकिक कार्यों का सहारा नहीं लिया, बल्कि उनके गुण-अवगुण पर ही जोर दिया था। "अगर कोई आदमी ईश्वर की इच्छा के अनुसार

कार्य करना चाहता है तो धर्म शिक्षा से उसे इस बात का पता लग जाएगा फिर वह धर्म शिक्षा चाहे ईश्वर प्रदत्त हो या उसको मैंने अपने मुंह से कहा हो।" इन सबके अतिरिक्त इसाई धर्म ने मनुष्य-मनुष्य के बीच समानता की घोषणा की है। केवल इसलिए नहीं कि ईश्वर और मनुष्य के बीच एक ख़ास रिश्ता है, बल्कि इसलिए भी कि समस्त मनुष्यों का भाई-चारा एक मूल सिद्धांत है, जो इस ख़याल से पैदा होता है कि सब मनुष्य उस परम पिता की संतान है। इस प्रकार जब हम एक ही पिता की संतान है तो फिर हममें छोटे-बड़े के भेद को स्थान कैसे मिल सकता है ?

इस प्रकार ऐसा प्रतीत होता है कि उपरोक्त धार्मिक शिक्षाओं के मौजूद रहते हुए ईसाई धर्म इस प्रकार विकृत नहीं होना चाहिए था कि मनुष्य-मनुष्य के बीच समानता की भावना ही नष्ट हो जाती। लेकिन मनुष्य का मस्तिष्क भी कुछ कम सूक्ष्मदर्शी नहीं है। धर्मग्रंथों में लिखी हुई चेतावनियों तथा मनुष्य-मनुष्य के बीच समानता की स्पष्ट घोषणा को बेकार बनाने के लिए संभवतः जाने या अनजाने एक बिल्कुल नया जाल रचा गया। तदनुसार न सिर्फ कुछ धर्म लेखों को ही अचूक बताया गया, बल्कि पादरी मानधारी व्यक्तियों के एक विशेष समुदाय को भी निर्विकार घोषित किया गया। यह भी कि ये पादरी जिसको चाहें उसको निर्विकार बना सकते हैं। धर्मग्रंथों में कुछ सामग्री ऊपर से जोड़ दी गई। लोगों को कहा गया कि जब ईसा मसीह स्वर्ग को प्रस्थान करने लगे तो उन्होंने ख़ास-ख़ास व्यक्तियों को कुछ विशेष अधिकार प्रदान किए थे। उन्होंने उनको न सिर्फ यही अधिकार दिया कि वे जन साधारण को ईश्वरीय सत्य (धर्मग्रन्थ में लिखित शब्दों के अनुसार तो उस समय ईसा मसीह ने इन लोगों को यह अधिकार भी दे दिया था कि सांप के काटने तथा विषपान से भी इन लोगों के शरीर को कोई हानि नहीं पहुँचेगी)।1 की शिक्षा दें, बल्कि यह निर्णय करने का अधिकार भी दिया कि कौन-से व्यक्ति मोक्ष पाने योग्य है और कौन-से नहीं। यह भी वे जिसको चाहें अपना यह अधिकार सौंप सकते हैं। धर्मग्रन्थ कि इस छीछालेदर का परिणाम यह हुआ कि जैसे ही गिर्जे की इस कल्पना ने जनता के मन में गहरी जड़ जमाई, तभी ईसा मसीह की शिक्षा को दूषित होने से बचाने वाली धर्मग्रंथों में लिखी हुई तमाम चेतावनियां निरर्थक और बेकार हो गयी ? क्योंकि अब गिर्जा बुद्धि से और पवित्र माने जाने वाली धार्मिक शिक्षाओं से श्रेष्ठ बन गया था। अब तो लोग बुद्धि को गलतियों का उद्गम स्थान मानने लगे और धर्मग्रंथों का बुद्धि गम्य तथा जन साधारण की समझ में आने योग्य अर्थ करने के बजाए ऐसा अर्थ किया जाने लगा जो गिर्जे के सर्व-सेवाओं की रूचि के अनुकूल था।

इस प्रकार ईसाई धर्म में धर्म को विकृत करने के तीनों पुराने साधनों- अर्थात् महंती, चमत्कारों और धर्म वाक्यों की अचूकता को पूर्णतः स्वीकार कर लिया गया। मनुष्य और ईश्वर के बीच मध्यस्थ बनाने वालों के महत्त्व को माना जाने लगा, क्योंकि गिर्जावाद ने ऐसे मध्यस्थों की आवश्यकता और औचित्य को स्वीकार कर लिया था। चमत्कारों का औचित्य और प्रमाणिकता भी स्वीकार की जाने लगी; क्योंकि सत्य के ठेकेदार गिर्जा प्रणाली ने उन पर अपनी मुहर लगा दी थी। इसी भाँति बाइबिल की पवित्रता और अचूकता भी स्वीकार की जाने लगी, क्योंकि गिर्जे ने उसे स्वीकार कर लिया था।

इस प्रकार दुनिया के तमाम दूसरे धर्मों की भाँति ईसाई धर्म को भी विकृत कर दिया था। लेकिन पहले के और इस उदाहरण में यह अंतर था कि ईसाई धर्म में अपने मूलभूत सिद्धांत अर्थात् ईश्वर के पुत्रों की हैसियत से मनुष्य-मनुष्य सब समान हैं- की घोषणा अत्यन्त स्पष्ट शब्दों में की थी, इसीलिए उसके इस मूलभूत सिद्धांत पर पर्दा डालने के लिए उसकी सम्पूर्ण शिक्षा को अत्यन्त उग्रता के साथ विकृत करना पड़ा। गिर्जा प्रणाली की इस कल्पना की सहायता से ईसाई धर्म को जितना विकृत किया गया, उतना और कोई धर्म विकृत नहीं किया गया। फलतः संसार में किसी भी धर्म ने वस्तुतः कभी भी विवेक और आधुनिक ज्ञान के इस कदर विरुद्ध बातों की तथा इतने अनैतिक उपदेशों की शिक्षा नहीं दी, जितनी कि ईसाई गिर्जे ने अपने सिद्धांतों के प्रचार द्वारा जनता को दी। यहाँ हम पुरानी बाइबिल की उन तमाम वाहियात बातों का तो ज़िक्र ही नहीं करना चाहते, जिनमें सूर्य से पहले प्रकाश के पैदा होने, 6000 वर्ष पूर्व सृष्टि का निर्माण होने, आर्क नामक स्थान में सम्पूर्ण प्राणियों के लिए घरों के बनाए जाने तथा अन्य तरह-तरह के अनैतिक जघन्य कर्मों का, जिनमें ईश्वर के आदेश के अनुसार सारे मनुष्य समाज और बालकों तक को क़त्ल करने तक का विधान शामिल है, वर्णन किया गया है। न हम यहाँ पर उस प्रसाद वितरण की विधि का उल्लेख करना चाहते हैं जिसके बारे में प्रसिद्ध फ्रांसीसी लेखक वाल्येटर कहते थे कि हालांकि संसार में विभिन्न प्रकार के अप्रासंगिक धार्मिक सिद्धांत प्रचलित हैं, तथापि इस प्रकार का धार्मिक सिद्धांत त्रिलोक में कहीं प्रचलित नहीं हुआ, जिसके अनुसार अपने परमात्मा को खा जाना धर्म का मुख्य कार्य समझा जाता है। भला इनसे अधिक अप्रासंगिक और कौन-सी बातें हो सकती हैं कि ईश्वर माता, माता भी थी और कुमारी भी; आकाश फटा और वहाँ से एक आवाज सुनाई दी; ईसा मसीह उड़कर आकाश में चले गए और वहाँ कहीं एक जगह परम पिता के दाहिनी तरफ बैठा करते थे, अथवा यह कि ईश्वर एक है और तीन भी। यह नहीं कहा जाता कि ब्रह्मा, विष्णु, महेश तीन देवता हैं; लेकिन यह कहा जाता है कि ईश्वर एक भी है और तीन भी। इसके अतिरिक्त इस भयंकर सिद्धांत से बढ़कर

अनैतिक और क्या हो सकता है कि एक क्रोधी और बदला लेने वाला परमात्मा आदम के पाप के लिए तमाम व्यक्तियों को दण्ड दिया करता है और उसने संसार के लोगों के मोक्ष के लिए अपने पुत्र को पृथ्वी पर भेजा, पहले से यह जानते हुए कि मनुष्य उसको मार डालेंगे और इस प्रकार निंदा के पात्र बन जाएंगे। साथ ही इससे बढ़कर भयंकर बात और कोई नहीं हो सकती कि बपतिस्मा कराने से ही पापों से मुक्ति मिल जाती है अथवा इस बात में श्रद्धा रखने से कि ये सब अलौकिक कृत्य वास्तव में हो चुके हैं, ईश्वर के पुत्र अर्थात् ईसा मसीह मनुष्यों द्वारा इसलिए मार डाले गए कि मनुष्यों का मोक्ष हो सके और यह भी कि जो लोग इन बातों में श्रद्धा नहीं लावेंगे उन्हें ईश्वर कल्प-कल्पान्तर तक नरक में सड़ावेगा?

अत: यदि हम उन बातों को छोड़ भी दें, जिनके लिए यह ख़याल किया जाता है कि बाद में इसे धर्म के मुख्य सिद्धांत में जोड़ दी गई, प्राचीन अवशेषों और ईश्वर की माताओं की अनेक प्रतिमाओं1 पर भी विचार न करें, अलग-अलग विशेषताएं रखने वाले संतों और महात्माओं से की गई सुख याचना सूचक प्रार्थनाओं और प्रोटेस्टेंट धर्मावलम्बियों के देववाद को भी एक ओर रख दें तो भी नयसीन की प्रशस्ति में सन्निहित और सब लोगों द्वारा स्वीकृत इस धर्म के ख़ास आधार ही इतने वाहियात और अनैतिक तथा सद्भावनाओं और साधारण समझ से इतने विपरीत हैं कि मनुष्य उनको मान ही नहीं सकता। लोग अपने होठों से तोते की भाँति चाहे जिस प्रकार के शब्दों को दुहरा सकते हैं; लेकिन वे उन बातों में कभी विश्वास नहीं ला सकते, जिनका कोई मतलब ही नहीं निकलता। यह संभव है कि एक आदमी अपने होठों के द्वारा यह बात कहे- "मेरा विश्वास है कि 6 हजार वर्ष पूर्व दुनिया की उत्पत्ति हुई" या "मेरा विश्वास है कि ईसा मसीह आकाश में उड़ गए और अपने पिता के पास जाकर बैठ गए" या "ईश्वर एक है और तीन भी" लेकिन कोई व्यक्ति इन बातों में वस्तुत: विश्वास नहीं कर सकता, क्यूंकि इन शब्दों का दरअसल कोई मतलब नहीं! इस प्रकार आधुनिक काल के जो लोग ईसाई धर्म के इस विकृत स्वरुप को मानते हैं वे वास्तव में किसी चीज़ में विश्वास नहीं करते और यही हमारे ज़माने की एक ख़ास ख़ूबी है।

7

इस युग के लोग मूलरूप से इसपर विश्वास नहीं करते। लेकिन फिर भी 'यहूदियों के नाम धर्म पत्रिका', जिसका लेखक भूल से लोग संत पाल को मान बैठते हैं कि वे श्रद्धा रखते हैं। इस व्याख्या के अनुसार अभिलक्षित तत्वों के सार या अदृश्य तत्वों के सार या अदृश्य तत्वों के अस्तित्व के प्रमाण को श्रद्धा कहा गया है। लेकिन ये दोनों बातें बिल्कुल

गलत हैं। यहाँ पर हम थोड़ी देर के लिए अगर इस बात का ज़िक्र न करें कि श्रद्धा कोई ठोस वस्तु नहीं; क्योंकि श्रद्धा तो मनुष्य की एक विशेष प्रकार की मानसिक स्थिति का नाम है और इसीलिए वह कोई दृश्य वस्तु नहीं हो सकती तो भी हम 'अदृश्य चीजों के प्रमाण' को श्रद्धा नहीं कह सकते। दूसरा कारण यह है कि 'धर्म पत्रिका' में जिस 'प्रमाण' का ज़िक्र है उसके आगे और पीछे के मजमून को देखते हुए उसका अर्थ केवल अंध श्रद्धा ही होता है और अंधश्रद्धा एवं श्रद्धा, ये दोनों बिल्कुल भिन्न-भिन्न चीज़ें हैं।

यदि आशा एवं अन्धविश्वास को श्रद्धा से जोड़ा जाये तो निःसंदेह यह निरर्थक ही होगा। इसका कारण भी यही है कि श्रद्धा तो इन दोनों से भिन्न एक तीसरी ही चीज़ है, जो आत्मा की एक ख़ास स्थिति का नाम है। श्रद्धा मनुष्य के उस आत्मज्ञान का नाम है, जिसके अनुसार उसको इस बात का ज्ञान होता है कि संसार में उसको अपनी स्थिति के अनुसार कुछ ख़ास कर्म करना चाहिए। मनुष्य अपनी-अपनी श्रद्धा के अनुसार संसार में काम करता है। परन्तु उसके ऐसा करने की वजह यह नहीं है- जैसा कि हमारे रूसी भाषा में लिखित धार्मिक वार्तालाप में कहा गया है- कि वह दृश्य वस्तुओं की भाँति अदृश्य वस्तुओं में विश्वास रखता है और मनोवांछित वस्तुओं को पाने की आशा रखता है। इसकी वजह तो यह है कि दुनिया में अपनी स्थिति को समझ लेने के बाद स्वभावतः वह उसके अनुरूप कार्य करता है। एक किसान ज़मीन को जोतता है और एक मल्लाह समुद्र में नाव खेने का कार्य करता है। इन दोनों के ऐसा करने का कारण यह नहीं है, जैसा हमारे धर्मध्वजी अक्सर कहा करते हैं, कि ये लोग अदृश्य में विश्वास रखते हैं अथवा अपने कार्यों के बदले कुछ प्रतिफल पाने की आशा रखते हैं। यह ठीक है कि उनके मन में प्रतिफल पाने की आशा रहती है। लेकिन वे उसी से प्रेरित होकर कार्य नहीं करते; बल्कि उसकी वजह यह है कि वे उन कामों को अपना धंधा समझते हैं। इसी भाँति एक धार्मिक श्रद्धा रखने वाला व्यक्ति एक विशेष प्रकार से व्यवहार करता है; लेकिन वह ऐसा इसीलिए नहीं करता कि वह अदृश्य में विश्वास रखता है अथवा अपने कार्य का प्रतिफल चाहता है, बल्कि उआकी वजह यह है कि संसार में अपनी स्थिति को भली-भाँति हृदयंगम कर लेने के बाद वह स्वभावतः उस स्थिति के अनुरूप आचरण करता है। यदि कोई व्यक्ति इस बात का निश्चय कर लेता है कि समाज में उसकी स्थिति एक मजदूर की, एक कारीगर की, एक राज्य कर्मचारी की अथवा एक व्यापारी की है तो वह अपनी स्थिति के अनुरूप कार्य करना ज़रूरी समझता है और मजदूर, कारीगर, राज्य कर्मचारी अथवा व्यापारी का काम करता है। ठीक यही स्थिति उन सामान्य लोगों की है जो संसार में इस प्रकार अपनी स्थिति को निश्चित कर लेते हैं और उसके अनुसार कार्य करते हैं। उनका यह निश्चय अनेक बार स्थूल निश्चय नहीं होता।

उसको हम अस्पष्ट आत्मचेतना कह सकते हैं। इस प्रकार उदाहरण के लिए मान लीजिये कि एक व्यक्ति ने संसार में अपनी स्थिति के बारे में यह समझा है कि वह ईश्वर के प्रिय राष्ट्र का सदस्य है, जिसे ईश्वर का संरक्षण प्राप्त करने के लिए उस परम पिता के आदेशों का पालन करना चाहिए, तो वह अपना जीवन इस प्रकार बिताएगा, जिससे कि परमेश्वर के आदेशों का पालन हो सके। इसी भाँति, मान लेते हैं कि एक दूसरा व्यक्ति है, जिसने संसार में अपनी स्थिति इस बात को सामने रखकर निर्दिष्ट की है कि वह भिन्न-भिन्न प्रकार की असंख्य जीव योनियों से होकर गुज़र चुका है तथा गुज़र रहा है एवं उसके व्यक्तिगत आचरण और कार्यों पर ही उसका अच्छा या बुरा भविष्य निर्भर करता है तो वह अपने इस विचार के द्वारा प्रेरित होकर कार्य करेगा और तीसरा आदमी है जो परमाणुओं के आकस्मिक संयोग को ही अपने जन्म की वजह मानता है और यह मानता है कि उसकी चेतन शक्ति क्षणिक है, जो अन्त में सदा के लिए बुझ जाएगी; तो जीवन में उसका व्यवहार उपरोक्त दोनों प्रकार के व्यक्तियों से भिन्न होगा।

उपर्युक्त वर्णित तीनों प्रकार के व्यक्तियों का आचरण एकदम अलग होगा। उन्होंने अपनी स्थिति को भिन्न रूप में निर्दिष्ट किया है अथवा यों कह लीजिए कि वे इस कारण विभिन्न विश्वास रखते हैं। श्रद्धा और धर्म दो अलग-अलग चीजें नहीं हैं; बल्कि एक ही वस्तु के दो नाम हैं। उनमें अंतर सिर्फ इतना है कि धर्म शब्द से तात्पर्य किसी ऐसी प्रवृत्ति से होता है जिसका अवलोकन हम अपने बाहर करते हैं, और श्रद्धा भी एक तरह की मानवीय प्रवृत्ति ही है, पर उसका अनुभव मनुष्य अपने भीतर करता है। मनुष्य और इस अनन्त विश्व के बीच उस संबंध का नाम श्रद्धा है जिससे मनुष्य परिचित होता है और उसके इस संबंध में से ही उसको पथ-प्रदर्शन प्राप्त होता है। इसलिए सच्ची श्रद्धा न तो कभी अविवेकपूर्ण हो सकती है और न आधुनिक ज्ञान-विज्ञान के विपरीत। न वह अलौकिक या बेहूदा हो सकती है, जैसा कि लोग ख़याल करते हैं और जैसा कि गिरजाघर के एक पादरी ने कहा था कि, "मैं श्रद्धा में इसलिए विश्वास रखता हूँ कि वह एक वाहियात चीज़ है।" इसके विपरीत हमारा तो यह स्पष्ट मत है कि सच्ची श्रद्धा के मंतव्यों को चाहे साबित भले ही न किया जा सके, लेकिन विवेक और मानव ज्ञान के विपरीत कुछ नहीं होता। प्रत्युत वे सदा जीवन के उन तत्वों का स्पष्टीकरण करते हैं जो श्रद्धा द्वारा अनुमोदित कल्पना के अभाव में अविवेकपूर्ण और असंगत प्रतीत होंगे।

उदाहरण स्वरूप यहाँ प्राचीन काल के एक यहूदी को लीजिए। जिनका यह विश्वास था कि इस विश्व में एक परब्रह्म, सर्व शक्तिमान तथा अनादि व्यक्ति है, जिसने एक

ब्रह्मांड, पृथ्वी, जीव-जंतु, मनुष्यों इत्यादि को उत्पन्न किया है और इस बात का वचन दिया है कि अगर उसकी सृष्टि के लोग उसके आदेशों पर चलेंगे तो वह उनकी रक्षा करेगा। उसका यह विश्वास अविवेकपूर्ण अथवा ज्ञान विरुद्ध नहीं था। इसके विपरीत वह श्रद्धा उसको जीवन की ऐसी बहुत-सी बातों का ज्ञान प्रदान करती थी- जिन पर उसके अभाव में पर्दा ही पड़ा रहता।

इसी प्रकार एक हिन्दू यह मानता है कि मनुष्यों की आत्माएं भिन्न-भिन्न प्रकार की जीव योनियों में रह चुकी हैं और उन्होंने भला और बुरा जैसा भी जीवन बिताया होता है, उसके अनुसार उनको उच्च अथवा निम्न श्रेणी की जीव योनियों में जन्म लेना पड़ता है। अपनी इस श्रद्धा की सहायता से वह अनेक ऐसी बातों को अपने लिए बोधगम्य बना लेता है जो इस श्रद्धा के अभाव में उसकी समझ में बिल्कुल नहीं आ सकती थीं। ठीक यही स्थिति उस मनुष्य की है जो यह समझता है कि जीवन धारण करना एक प्रकार की बुराई (पाप) है और मनुष्य जीवन का उद्देश्य अपनी वासनाओं का दमन करके शांति प्राप्त करना है। ऐसा व्यक्ति किसी अविवेकपूर्ण बात पर विश्वास नहीं करता। इसके विपरीत, वह ऐसी बात में विश्वास करता है जो मनुष्य जीवन संबंधी उसके दृष्टिकोण को पहले से अधिक बोधसंगत बनाता है।

एक सच्चा ईसाई भी इस बात में विश्वास करता है कि ईश्वर संसार के समस्त मनुष्यों का आध्यात्मिक पिता है और मनुष्य सर्वोच्च मानव कल्याण तभी प्राप्त कर सकता है जब वह इन दोनों बातों को स्वीकार करते हैं।

(1) सब मनुष्य ईश्वर की संतान हैं और

(2) सभी मनुष्य आपस में भाई-भाई हैं।

ये सब विश्वास चाहे प्रत्यक्ष रूप से व्यक्त न किया जा सकें। लेकिन वे हमारे जीवन की विभिन्न घटनाओं का विवेकपूर्ण अर्थ हमारे समक्ष रखते हैं। अगर मनुष्यों के अन्दर उनका अभाव हो तो उन्हें जीवन की घटनाएं अविवेकपूर्ण और असंगत प्रतीत होंगी। इसके अलावा यह सब विश्वास इस संसार में मनुष्य की स्थिति को निश्चित कर देते हैं और उस स्थिति के अनुसार आचरण करने को अनिवार्यत: प्रेरित करते हैं। इसलिए यदि किसी धर्म में ऐसे अविवेकपूर्ण सिद्धांतों का निर्देश है जो हम किसी बात को समझा नहीं सकते, बल्कि वह उस व्यक्ति को अपने जीवन के तात्पर्य को समझने में मदद पहुँचाने के बजाए उसको अधिक भ्रम तथा गड़बड़ में डाल देते हैं तो उसको हम धर्म का या श्रद्धा का नाम नहीं दे सकते। वह तो वास्तविक धर्म के मुख्य लक्षण से शून्य धर्म का विकृत रूप मात्र होगा। वह

मनुष्य का आचरण तथा चरित्र संबंधी किसी प्रकार का पथ-प्रदर्शन नहीं करेगा। वह तो मनुष्य के हाथ की कठपुतली बन जाएगा। सच्चे धर्म और उसके विकृत स्वरूप में एक खास भेद होता है। विकृत धर्म का अनुयायी अपनी प्रार्थनाओं और तपस्या के बदले में ईश्वर से इस बात की याचना करता है कि वह उसकी मनोकामनाओं को पूर्ण करे तथा अन्य प्रकार से उसके काम आए। लेकिन जो मनुष्य सच्चे धर्म का अनुयायी होगा, वह ऐसा कभी नहीं सोचता। वह सिर्फ एक ही बात का अनुभव करेगा कि ईश्वर उनसे अपने संकल्प को पूर्ण करवाना चाहते हैं। अत: वह चाहते हैं कि मनुष्य ईश्वर का काम करे।

चूंकि आज मनुष्य इस तरह के धर्म तथा श्रद्धा का अभाव है। वास्तव में, वे इस बात की कल्पना तक नहीं कर सकते कि आख़िरकार ये किस तरह का भाव होता है। श्रद्धा से उनका मतलब सिर्फ यही होता है कि या तो जिस वस्तु को उन्हें श्रद्धा का सार बताया गया है उसको अपने होठों से दुहरा दें या ऐसी पूजा पाठ की विधियों का अनुष्ठान करें जिनको गिर्जा उनकी मनोकामनाओं को पूरी होने में सहायक बताता है। अत: आज मनुष्य में श्रद्धा भाव जाग्रत होने क अर्थ कुछ पाने की लोलुपता है।

8

इस संसार के लोग धर्म में व्याप्त वास्तविक श्रद्धा के अभाव में जीवनयापन कर रहे हैं। मनुष्य समाज के उस भाग ने, जो अल्पसंख्यक होते हुए भी शिक्षित और शक्तिशाली हैं, अपने को गिरजा प्रणाली के माया जाल से मुक्त कर लिया है। यह अल्पसंख्यक समुदाय सामान्यत: किसी बात में विश्वास नहीं करता। यह हर प्रकार की श्रद्धा और धर्म को या तो एक प्रकार की वाहियात चीज़ समझता है या फिर उसे जनता को पराधीन बनाए रखने का केवल एक उपयोगी साधन मानता है। दूसरी ओर समाज का वह बहुसंख्यक भाग है, जो दरिद्रता से पीड़ित और अशिक्षित है। इस जन समुदाय में कुछ थोड़े-से लोगों को छोड़कर करीब-करीब सब नेक नीयत और सरल स्वभाव के लोग हैं। लेकिन ये लोग अभी तक गिर्जे के मायाजाल में फंसे हुए हैं। ये ऐसा मानते हैं कि श्रद्धा के नाम से जो कुछ इन्हें बताया गया है उसमें उनका विश्वास है। लेकिन वस्तुत: वह श्रद्धा सच्ची श्रद्धा नहीं है, क्योंकि यह मनुष्य को संसार में अपनी स्थिति का ज्ञान कराने के बजाए, उसको अंधकारपूर्ण बनाती है।

इस प्रकार की विषम स्थितियां हमारे ईसाई नामधारी संसार का जीवनक्रम निर्धारित करती हैं। मायाजाल में फंसे हुए बहुसंख्यकों और समाज के अल्पसंख्यक अश्रद्धालु तथा कपटाचारी के पारस्परिक संबंध भी हमारे जीवन पर प्रभाव डालते हैं और इन दोनों

समुदायों, अर्थात् जिसके अधिकार में जनता पर मायाजाल फैलाने के साधन मौजूद हैं वह अल्पसंख्यक समुदाय और बहुसंख्यक समाज जो इस मायाजाल में फंसा हुआ है- का जीवन भयंकर बन गया है। इसके दो कारण हैं- एक तो सत्ताधारियों की भ्रष्टता और निर्दयीता और दूसरे मेहनत मजदूरी करने वाले बहुसंख्यक समाज की पद दलित और मूक अवस्था। धार्मिक पतन के किसी भी काल में हमने तमाम धर्मों के और ख़ासकर ईसाई धर्म के ख़ास लक्षण- मनुष्य-मनुष्य की समानता के सिद्धांत- को आज के जितना पतित होते नहीं देखा।

हमारे ज़माने में मनुष्य-मनुष्य के बीच जो भयंकर निर्दयीता का व्यवहार चल रहा है, उसका प्रधान कारण धार्मिक भावना का नितांत अभाव तो है ही, इसके अलावा मनुष्य जीवन इतना पेंचीदा बन गया है कि उसकी वजह से मनुष्य अपने कार्यों के परिणामों पर विचार नहीं कर पाते।

चंगेज खां और नादिरशाह एवं उनके अनुयायी चाहे जितने निर्दय हुए हों फिर भी लोगों को अपने हाथों कत्ल करने का कार्य उन्हें अवश्य अरुचिकर प्रतीत हुआ होगा और नर संहार के परिणाम अर्थात् मौत के घाट उतारे गए लोगों के आश्रितों का क्रन्दन और लाशों का ढेर तो उनके लिए और भी अधिक अरुचिकर हुआ होगा। इस प्रकार उनकी निर्दयीता के परिणाम हमसे इतनी सावधानी के साथ छिपाकर रखे जाते हैं कि निर्दयीता पर लगाम लगाने का कोई प्रश्न ही उत्पन्न नहीं होता। फलत: एक श्रेणी के लोगों द्वारा दूसरी श्रेणी पर की जाने वाली निर्दयीता दिन-दिन अधिकाधिक बढ़ती ही जा रही है और उसने इतना विकराल रूप धारण कर लिया है कि जैसा आज से पहले कभी नहीं किया था।

हम सब ऐसी पैशाचिक परिस्थिति में जीवन व्यतीत कर रहे हैं। सम्राट नीरो जैसे किसी ख़ास नर पिसाच का मैं यहाँ ज़िक्र नहीं करना चाहता। लेकिन मेरा ख़याल है कि हमारे ज़माने में यह सामान्य सी बात हो गई है कि कोई आदमी घोरतम नारकीय कार्य करके भी बेदाग़ रह सकता है और अपनी सामाजिक प्रतिष्ठा एवं स्थिति को कायम रख सकता है। उदाहरण के लिए यदि कोई अत्यन्त साधारण व्यापारी आज की सलाह के अनुसार रोगी धनपतियों को तंदुरुस्त करने के लिए मानव रक्त के हौज में स्नान करवाने की व्यवस्था करे तो उसको ऐसा करने से कोई नहीं रोक सकेगा। सिर्फ उसको आधुनिक सभ्यता के सम्मानपूर्ण और प्रचलित तरीकों को काम में लाना होगा। अर्थात् उसको मनुष्यों का रक्त एकत्र करने के लिए हिंसा का आश्रय लेने की आवश्यकता नहीं है। बल्कि उनको ऐसी परिस्थिति में डाल देना होगा कि वे अपना खून दिए बिना जीवित

ही न रह सकें। साथ ही उसे धर्माचार्यों और वैज्ञानिकों की भी मदद लेनी होगी। धर्माचार्य जिस तरह तोपों, जिरह बख्तरों, जेलखानों और फाँसी के तख्तों का समर्थन करते हैं, उसी प्रकार वे मानव रक्त के हौज का भी समर्थन कर देंगे और वैज्ञानिकों ने जिस प्रकार युद्धों और वेश्यालयों की आवश्यकता सिद्ध करने के लिए प्रमाण खोज निकाले हैं, वे इसी प्रकार मनुष्यों के रक्त में स्नान करने की प्रथा की आवश्यकता और औचित्य सिद्ध करने के लिए भी प्रमाण ढूंढ लेंगे।[4]

आजकल लोग जिस धर्म को मानते हैं उसमें सारे धर्मों के आधारभूत सिद्धांत- अर्थात् मनुष्य-मनुष्य की समानता- को लोग इतना भूल गए हैं, उसकी इतनी उपेक्षा करते हैं, भाँति-भाँति के बहूदा धार्मिक विधि-विधानों के ढेर के नीचे उसे दबा दिया है और विज्ञान के क्षेत्र में भी यह असमानता जीवन संघर्ष और सबसे बलवान प्राणी के कायम रहने के सिद्धांत के रूप में इस प्रकार जीवन की अनिवार्य अवस्था स्वीकार की जाती है कि कुछ मुट्ठी भर सत्ताधारियों की सुविधा के लिए लाखों मनुष्यों के प्राणों का नाश एक अत्यन्त साधारण और आवश्यक बात समझी जाती है- और यह संहार निरंतर जारी है।

17वीं शताब्दी में यांत्रिकी विज्ञान ने अभूतपूर्व, भव्य और महान विकास किया हैं। लेकिन आजकल के लोग इस बात को नहीं जानते कि वे किस प्रकार इस उन्नति पर पर्याप्त मात्रा में अपनी प्रसन्नता प्रकट करें। इसमें कोई संदेह नहीं कि प्रकृति की शक्तियों पर विजय प्राप्त करके 19वीं शताब्दी में मनुष्य जाति ने जितनी भौतिक उन्नति की है उतनी अपने इतिहास में उसने कभी नहीं की। लेकिन साथ-साथ इसमें भी कोई सन्देह नहीं कि पुराने समय में लोगों ने पाशविक प्रवृत्तियों को अंकुश में रखने वाली शक्ति से स्वतन्त्र होकर ऐसा अनैतिक और भ्रष्ट जीवन कभी नहीं बिताया जैसा वे दिन-दिन पशुता की ओर बढ़ने वाले इस ज़माने के ईसाई समाज में व्यतीत कर रहे हैं। 19वीं शताब्दी में मनुष्य ने जो भौतिक उन्नति की, वस्तुत: वह अत्यन्त महान थी लेकिन इस उन्नति का भवन अनैतिकता की नींव पर खड़ा किया गया है और किया जा रहा है। सदाचार के सामान्य से सामान्य नियमों की इतनी उपेक्षा की गई जितनी चंगेज खां, नादिरशाह और सम्राट नीरो जैसे अत्याचारियों के समय में भी नहीं की गई होगी।

---

[4] सन् 1864 में रूस में "संक्रामक रोगों की रोक का क़ानून" बना था। इसका सन् 1866 में वहाँ के सर्जनों और चिकित्साओं के शाही विद्यालय ने समर्थन किया था। इस प्रकार के क़ानून सभ्य संसार में अब भी प्रचलित हैं और वेश्यालयों को इनके अनुसार कानूनी परवाने दिए जाते हैं।

इसमें कोई शक नहीं कि फौजी जहाज, रेलें, छापाखाने, पहाड़ों को खोदकर बनाई गई रेलों की सुरंगें, फोनोग्राफ, फोटोग्राफ, सिनेमा आदि बहुत अच्छी चीजें हैं; लेकिन इनसे बढ़कर उत्तम और मूल्यवान- इतनी मूल्यवान कि रस्किन के शब्दों में इनसे बढ़कर कोई चीज़ इससे अधिक मूल्यवान नहीं हो सकती- चीज़ें तो मनुष्यों के जीवन हैं, परन्तु हम देखते हैं कि फौजी जहाज, रेलें और पहाड़ों के भीतर सुरंगें बनाने में लाखों ऐसे मूल्यवान मनुष्य जीवन आजकल निर्दयतापूर्वक नष्ट किए जा रहे हैं। ये चीजें मनुष्य जीवन को खूबसूरत बनाने की अपेक्षा कुरूप ही अधिक बनाती हैं। हमारे इस कथन के जवाब में अक्सर यह कहा जाता है कि मनुष्य जीवन का आजकल जो विनाश हो रहा है उसकी रोक के लिए साधनों का आविष्कार हो रहा है और आगे भी होगा। लेकिन यह बात बिल्कुल झूठ है। जब तक लोग संसार के दूसरे तमाम लोगों को अपना भाई नहीं समझेंगे और जब तक वे मनुष्यों के प्राणों को सब पदार्थों से अधिक पवित्र न मानने लगेंगे- इतना पवित्र कि वे किसी भी कीमत पर उसको बलिदान न करें और इन मनुष्य प्राणियों को जीवित रखना अपना सर्वप्रथम और आवश्यक कर्त्तव्य समझें- अर्थात् जब तक लोग आपस में एक-दूसरे के साथ धार्मिकता का व्यवहार नहीं करेंगे, तब तक वे व्यक्तिगत स्वार्थों की पूर्ति के लिए एक-दूसरे का गला घोंटते रहेंगे। कोई आदमी इतना मूर्ख नहीं हो सकता कि जिस चीज़ को वह सौ रुपये खर्च कर प्राप्त कर सकता है, उसके लिए वह अपने हत्थे चढ़े हुए कुछ मनुष्यों को बलि चढ़ाने के बजाए हज़ारों रुपये खर्च करने को राजी हो। शिकागो (अमेरिका) की रेल की सड़कों का उदाहरण लीजिए। वहाँ हर साल लोग रेलों के नीचे दबकर मर जाते हैं। लेकिन रेलों के मालिक स्वभावत: कभी ऐसे साधनों का उपयोग नहीं करते जिनसे लोग कुचले जाने से बच सकते हैं। क्या आप बता सकते हैं। क्या आप बता सकते हैं कि उनकी इस उपेक्षा का क्या कारण है ? इसकी वजह सिर्फ यही है कि उन्होंने इस बात का हिसाब लगा लिया है कि मरे हुए और घायल व्यक्तियों के परिवारों को उन्हें हर साल जितना रुपया देना पड़ता है उससे वह रुपया कई गुना अधिक होगा जो उन्हें दुर्घटना निवारक साधनों पर खर्च हुई रकम के ब्याज के तौर पर देना पड़ेगा।

नि:संदेह यह कहा जा सकता है कि इन लोगों पर लोकमत का कुछ असर हो और ये लोग अपने स्वार्थ की पूर्ति के लिए दूसरों के प्राणों का नाश करने में लज्जा अनुभव करने लगें और साथ ही इस बात के लिए भी मजबूर किए जा सकें कि वे दुर्घटना निवारक साधनों की व्यवस्था करें। लेकिन जब तक लोगों के अन्दर धार्मिक भावना जागृत नहीं होगी और वे अपने सब काम ईश्वर को साक्षी रखकर नहीं अपितु मनुष्यों को दिखाने और प्रसन्न करने के लिए करते रहेंगे, तब तक इस प्रकार की बर्बरता बराबर जारी रहेगी। यदि कहीं एक

स्थान पर लोगों की प्राण रक्षा के साधनों की व्यवस्था कर भी दी गई तो दूसरे मामलों में व्यक्तिगत स्वार्थ की पूर्ति के लिए मनुष्यों के जीवन को सर्वोत्तम साधन समझ लिया जाएगा।

अगर मनुष्य जीवन की रक्षा का ख़याल न किया जाए तो प्रकृति पर विजय प्राप्त करना, रेलें निकालना, समुद्री जहाज, अजाएबघर, बड़े-बड़े कारखाने तथा इसी तरह की चीजें बनाना बहुत सरल हो सकता है। मिश्र के प्राचीन सम्राट अपने निर्माण किए हुए विशाल गुम्बदों पर बहुत गर्व करते थे और स्वयं हम लोगों की आँखों में भी उनको देखकर आनन्दाश्रु बहने लग जाते हैं; लेकिन ऐसा करते समय हम इस बात को बिल्कुल भूल जाते हैं कि इन भव्य और भीमकाय गुम्बदों (पिरामिडों) का निर्माण करने में असंख्य गुलामों को अपने प्राणों की बलि चढ़ानी पड़ी थी। ठीक इसी भाँति हम अपने प्रदर्शन भवनों, अजाएबघरों, फौजी जहाजों, समुद्र के आर पार लगे हुए तारों और बिजली के कारखानों को देखकर आनंद मग्न हो जाते हैं, और इस बात को बिल्कुल भूल जाते हैं कि इन चीजों के लिए हमें किस तरह का मूल्य चुकाना पड़ा है। जब तक ये चीजें गुलामों के द्वारा नहीं बल्कि स्वाधीन मनुष्यों द्वारा तैयार न होने लगे, तब तक हमें उन पर गर्व न करना चाहिए।

ईसाई राष्ट्रों ने अमेरिका के भारतवासी हिन्दुओं और अफ्रीका निवासियों को जीत लिया है। अब वे चीन को भी जीतने की इच्छा रखते हैं। अपनी इस विजय पर इन ईसाई देशों को गर्व है, लेकिन इससे यह बात कतई साबित नहीं होती कि ईसाई राष्ट्र संसार के दूसरे राष्ट्रों की अपेक्षा आध्यात्मिक तथा नैतिक दृष्टि से ऊँचें उठे हुए हैं, बल्कि बात ठीक इसके विपरीत है। वस्तुत: ये राष्ट्र उन राष्ट्रों से आध्यात्मिक स्तर पर बहुत पिछड़े हुए हैं। यहाँ हम हिन्दुओं और चीनी निवासियों का ज़िक्र करना नहीं चाहते जो कि आध्यात्मिकता में बहुत आगे बढ़े हुए हैं। लेकिन जुलू[5] लोगों में प्रचलित बहुत से ऐसे अनिवार्य रूप से पालन किए जाने वाले प्रचलित धार्मिक नियम और भी थे, जिनमें यह बतलाया गया है कि मनुष्य को अमुक काम करने चाहिए या नहीं। लेकिन हमारे ईसाई देशों में ऐसे धार्मिक नियमों का कतई अस्तित्व नहीं है।

रोम ने संसार पर ठीक उस समय विजय प्राप्त की। जिस समय उसने स्वयं को सभी धर्मों से मुक्त कर लिया था। कुछ अधिक व्यापक रूप में यही बात आज संसार के ईसाई देशों के संबंध में चरितार्थ होती है। इन सब देशों ने भी, रोम की भाँति, धर्म का बहिष्कार कर दिया है; और इसलिए, इनके बीच आपसी झगड़ों और कलहों के होते हुए भी, इन

---

[5] अफ्रीका की एक जंगली जाति।

सबने एक होकर लुटेरों का एक समूह बना रखा है। ये राष्ट्र दिन-दहाड़े चोरी करते हैं, दूसरे देशों को लूटते हैं, भले और बुरे उपायों से दूसरे का सत्वापहरण करते हैं और सामूहिक तथा व्यक्तिगत रूप से नरसंहार करते हैं, इनकी आत्मा को इन नारकीय कृत्यों से जरा भी ठेस नहीं पहुँचती, इसके विपरीत जैसा कि चीन के मामले में हो चुका है, ये अपने इन कृत्यों पर बड़ा आत्म संतोष अनुभव करते हैं। इनमें से कुछ नास्तिक हैं और अपनी नास्तिकता पर उन्हें गर्व है। कुछ अपने स्वार्थ को सिद्ध के लिए जनता पर मायाजाल फैलाने वाले धर्म में विश्वास रखने का बहाना करते हैं और दूसरे कुछ ऐसे भी लोग हैं- और इनमें अधिकांश संख्या सर्वसाधारण समाज की है- जो उन भ्रमित करने वाली बातों को जो उनके सामने रखी जाती हैं धर्म समझ बैठे हैं और गुलामों की भाँति शक्ति संपन्न और नास्तिक सम्मोहनकारियों के आदेशों का अनुसरण करते हैं।

जनता को मायाजाल में फंसाये रखने वाले ये लोग जनता से किस चीज़ की मांग करते हैं? ये जनता से हमेशा उसी बात की मांग करते रहते हैं जिसकी मांग सम्राट नीरो एवं उसी की समकोटि के अत्याचारियों ने- जो अपने जीवन की सारहीनता एवं खोखलेपन को किसी-न-किसी उपाय से ढके रखना चाहते थे- जनता से की थी। अत: अपनी उच्च श्रृंखला और घोर विलासिता की संतुष्टि। विलासिता को प्राप्त करने का एक ही तरीका है कि दूसरे लोगों को अपने लिए काम करने को विवश किया जाए- अर्थात् उनको गुलाम बनाया जाए। फलत: विलासिता की वृद्धि के साथ-साथ गुलामी और गुलामों की संख्या में वृद्धि होना अनिवार्य है। दूसरा कारण यह है कि जिन लोगों के शरीर पर कपड़े नहीं है, जो ठण्ड से ठिठुर रहे हैं, जिनके पास पेट भर खाने को अन्न नहीं हैं तथा जो जीवन निर्वाह के अन्य साधनों से वंचित हैं वे ही- और केवल वे ही- जीवन पर्यन्त ऐसा काम कर सकते हैं जिसे वे ख़ुद करना ज़रूरी नहीं समझते, केवल अपने मालिकों को सुख और आनंद पहुँचाने के लिए ज़रूरी समझते हैं।

9

ईसाई धर्मग्रन्थ बाइबिल के पाँचवे प्रकरण में एक बहुत सुंदर वर्णन है। उसमें ग्रंथकार ने एक जगह लिखा है कि जल-प्रलय से पूर्व ईश्वर ने यह देखा कि उसने अपनी पूजा-अर्चना के लिए मनुष्यों को जो शक्ति प्रदान की थी उसका वे लोग अपनी व्यक्तिगत लालसाओं की पूर्ति करने में उपयोग करने लग गए हैं। यह देखकर ईश्वर बहुत क्रुद्ध हुआ और उसने इस बात पर पश्चाताप प्रकट किया कि उसने मनुष्यों को उत्पन्न क्यूँ किया? फिर भी मनुष्यों को एकदम नष्ट करने के बजाए उसने उनकी उम्र 120 वर्ष तय कर दी।

बाइबिल के अनुसार परमात्मा जिस बात पर नाराज़ हुआ था और जिसके परिणामस्वरूप उसने मनुष्यों कि उम्र कम कर दी थी, ठीक वही बात आज संसार में नित्य प्रति हो रही है।

मनुष्यों की बुद्धि ही वह शक्ति है जो निश्चय करती है कि उनके बीच क्या संबंध रहे। चूंकि यह बात सूर्य की भाँति स्पष्ट है कि संसार के साथ मनुष्यों का संबंध समान और एक जैसा है। हमें यह समझने में कोई कठिनाई नहीं हो सकती कि धर्म- जो उस संबंध पर प्रकाश डालता है- मनुष्यों को एक सूत्र में पिरोता है और मनुष्यों की पारस्परिक एकता से ही सब मनुष्य शारीरिक और आध्यात्मिक दोनों प्रकार ज्ञान के साथ सम्पूर्ण एकता- जिसको दूसरे शब्दों में हम सम्पूर्ण कल्याण की संज्ञा दे सकते हैं- यही वो आदर्श है जिसकी प्राप्ति के लिए मनुष्य जाति प्रयासशील है और भिन्न-भिन्न जातियों के मनुष्य जब एक स्वर से यह पूछते हैं कि यह संसार क्या है और उसमें रहने वाले लोग कौन है? तो सब धर्म एक ही जवाब देते हैं और इस प्रकार वे सब मनुष्यों को एक सूत्र में पिरोकर मनुष्यों को कल्याण की प्राप्ति के करीब ले जाते हैं। लेकिन जब मनुष्य की बुद्धि अपने नैसर्गिक कर्तव्य मार्ग से (अर्थात् ईश्वर और मनुष्य के बीच के संबंध निश्चित करने और उस संबंध को दृष्टि में रखते हुए मनुष्य के कर्तव्यों का निरूपण करने से विस्थापित हो जाती है और उसका उपयोग इस क्षणभंगुर देह के लिए साधन जुटाने, दूसरे लोगों और सृष्टि के दूसरे प्राणियों के साथ कठोर संघर्ष करने, और इस दुष्जीवन का औचित्य सिद्ध करने के निमित्त होने लगता है- और यह मनुष्य जाति में उन भयंकर आपदाओं का जन्म होता है जिनका मुकाबला आज अधिकांश मनुष्यों को करना पड़ता है। इसके परिणामस्वरूप ऐसी अवस्था पैदा हो जाती है, जिसमें सुचारू रूप से जीवनयापन करना कठिन प्रतीत होने लगता है।

मूर्ति को पूजने वाले धार्मिक समुदाय के लोग सत्य को पहचानने में अधिक समर्थ रहे हैं बनिस्पत नामधारी ईसाई राष्ट्रों की। उन्होंने अपरिपक्व धार्मिक शिक्षा से ही सही, कहीं न कहीं सबको परस्पर एक सूत्र में बांध रखा है। इन ईसाई राष्ट्रों का जीवन तो एकदम अधार्मिक है। इन राष्ट्रों के अग्रगण्य लोगों का यह विश्वास है- जिसको वे दूसरों पर भी प्रकट करते हैं- कि धर्म एक अनावश्यक वस्तु है और बिना किसी धर्म के जीवन व्यतीत करना मनुष्य के लिए कहीं अधिक बेहतर है। मूर्तिपूजक लोगों में ऐसे मनुष्य ढूंढ निकाले जा सकते हैं जो उत्तरोत्तर बढ़ते हुए आधुनिक ज्ञान और अपने धर्म के बीच विरोध अनुभव करते हैं और अपनी बुद्धि के आदेशानुसार एक नए धर्म को जन्म देते हैं अथवा स्वीकार करते हैं। उनका यह नया धर्म उनके सहधर्मियों को स्वीकार होता है और पुराने धर्म की अपेक्षा उनके देश की आध्यात्मिक अवस्था के अधिक अनुरूप होता है। लेकिन हमारी

दुनिया के- अर्थात् यूरोप के ईसाई समाज के लोगों का क्या हाल है? ये लोग किसी भी नए और आत्मा को ऊँचा उठाने वाले आंदोलन की तरफ से आंखें बंद किए हुए हैं और सत्य की ओर आगे बढ़ने में बिल्कुल असमर्थ हैं। दूसरी वजह सिर्फ यह है कि इनमें से कुछ लोग धर्म को सर्वसाधारण को पराधीनता में जकड़े रखने का एक साधन मात्र समझते हैं। कुछ लोग ऐसे हैं जो धर्म मात्र को बेहुदगी समझते हैं; और अधिकांश जन समाज भारी भ्रमजाल के शिकार बनकर यह समझ बैठे हैं कि वे सच्चे धर्म को मानने वाले हैं।

भौतिक जीवन से सम्बन्ध रखने वाले क्षेत्रों में हमारी दुनिया के लोगों ने जितना भी विकास किया है उनको उस पर गर्व है। साथ ही उनको अपनी संस्कृति, निष्क्रिय तर्क शक्ति पर भी अभिमान है, जिसके द्वारा वे न सिर्फ अपने कृत्यों का औचित्य सिद्ध करने का प्रयास करते हैं बल्कि इस बात को साबित करने की भी कोशिश करते हैं कि वे प्राचीन काल के किसी भी युग के लोगों से सभ्य हैं। इस अहंकार ने उनको अज्ञान और अनैतिकता के सांचे में ढाल दिया है; लेकिन फिर भी उनको इस बात का पूरा विश्वास है कि वे विकास के उस शिखर पर बैठे हैं जहाँ मनुष्य समाज आज तक नहीं पहुँच पाया और साथ ही यह भी कि अनैतिक और अज्ञानपूर्ण मार्ग की ओर बढ़ाया गया हर कदम उन्हें विकास तथा संस्कृति के शिखर पर अधिकाधिक आगे बढ़ाता है।

10

मनुष्य सदैव कायिक (शरीर संबंधी) और बौद्धिक (आध्यात्मिक) कार्यों के मध्य साम्य स्थापित करने की अभिलाषा रखता है। स्वभावत: उसको उस समय तक शांति प्राप्त नहीं हो सकती जब तक वह किसी-न-किसी रूप में अपनी इस अभिलाषा को पूरा नहीं कर लेता। लेकिन यह समानता केवल दो ही प्रकार से सिद्ध हो सकती है। एक उपाय यह है कि व्यक्ति अपनी बुद्धि के द्वारा किसी कार्य अथवा किन्हीं कार्यों की आवश्यकता और औचित्य का निर्णय करते हुए आचरण करे।

दूसरा उपाय यह है कि पहले मनुष्य भावावेश में आकर कुछ कार्यों को कर डाले और फिर उनके समर्थन के निमित्त बौद्धिक कारणों की खोज करे।

धर्म को मानने वाले लोग कार्यों तथा विवेक के मध्य संतुलन एवं समानता को बनाते हुए चलते हैं और उस धर्म के उपदेशों के आधार पर वे इस बात का निर्णय करते हैं कि उन्हें कौन-सा कार्य करना चाहिए और कौन-सा नहीं। दूसरा उपाय उन लोगों का होता है जो धार्मिक वृत्ति वाले नहीं होते और जिनके पास अपने कार्यों के गुणावगुण का निर्णय करने

की कोई कसौटी नहीं होती। इसलिए ये लोग अपने कार्यों को बुद्धि की कसौटी पर नहीं कसते; बल्कि भावों के क्षणिक आवेश में आकिर काम कर डालते हैं और इस प्रकार कार्य और विवेक में समानता स्थापित करने का प्रयास करते हैं।

मान लीजिये कि एक धार्मिक वृत्ति वाला व्यक्ति है, उसको इस बात की परख है कि उसके तथा दूसरे लोगों के कार्यों में कौन से कार्य अच्छे हैं और कौन-से बुरे। उसको इस बात का भी ज्ञान है कि आखिर क्यों एक चीज़ बुरी होती है और दूसरी अच्छी। ऐसा व्यक्ति जब अपने बौद्धिक मंतव्यों और अपने एवं दूसरे लोगों के कार्यों में विरोध देखता है तो वह मालूम करने की चेष्टा करता है कि किस प्रकार उसे अपने कार्यों और विवेक में समानता स्थापित करनी चाहिए। वह इस विरोधाभास को ख़त्म करने के लिए अपनी सारी शक्ति लगा देता है। इसके विपरीत उस व्यक्ति का उदाहरण लीजिए जो किसी धर्म को नहीं मानता। उसके पास अपने कर्मों की अच्छाई-बुराई का निर्णय करने के अलावा और कोई कसौटी नहीं होती कि उन कार्यों से उसको कितना शारीरिक सुख प्राप्त होता है। मूलत: वह अपने भावों के सामने हमेशा सर झुका देता है जो कई तरह से परस्पर विरोधी होते हैं। ऐसा व्यक्ति बिना इच्छा के विरोध जाल में फंस जाता है और जब वह एक बार फंस जाता है तो वह उस पर पर्दा डालने के लिए दलीलें देता है जो कम या अधिक विस्तृत और चतुराई से परिपूर्ण होती हैं; परन्तु हमेशा असत्य होती हैं। इसीलिए सच्चे धार्मिक व्यक्ति का तर्क जहाँ हमेशा सरल, प्रत्यक्ष और सत्य अनुमोदित होता है, वहाँ कर्म से विहीन व्यक्ति की बौद्धिक दलीलें विशेष रूप से सूक्ष्म, जटिल और असत्य से परिपूर्ण होती हैं।

मैं यहाँ पाठकों के समक्ष एक मामूली एवं दुराचारी आदमी का उदाहरण प्रस्तुत करता हूँ। वह शक्तिवान नहीं है, अपनी पत्नी के प्रति वफादार नहीं है अथवा यदि वह अविवाहित है तो दुराचारी है। यदि ऐसा व्यक्ति धार्मिक वृत्ति वाला होगा तो उसे अपने कार्यों के अनौचित्य का पता होगा। वह सारा दिमाग इस दिशा में लगा देगा कि उसको दुर्गुणों से किस प्रकार मुक्ति मिले। वह दुराचारी स्त्री-व्यक्तियों के संसर्ग में आने से अपने को बचाएगा, काम के प्रति एकाग्र रहेगा और अपने को कठिन नियंत्रण में रखेगा। वह किसी स्त्री को अपनी कामवासना की पूर्ति का साधन नहीं मानेगा। यह सब इतना सरल है कि हर एक मनुष्य उसे समझ सकता है।

लेकिन अगर दुराचारी व्यक्ति धर्मवान न हो तो वह तुरंत दुनिया भर के तर्क इस बात को सिद्ध करने के लिए खोजने लगेगा कि स्त्रियों के साथ प्रणय लीला करना एक बहुत अच्छी बात है। परिणामस्वरूप हमको स्त्री-व्यक्ति के पारस्परिक आकर्षण, सौंदर्य प्रेम की

स्वतन्त्रता आदि बातों के संबंध में हर प्रकार के अत्यन्त जटिल, कौशलपूर्ण और सूक्ष्म विचार सुनने को मिलते हैं और जैसे ही इन विचारों का प्रसार होता है वैसे ही वह इस समस्या को अंधकारपूर्ण बना देते हैं और मौलिक सत्य पर पर्दा डाल देते हैं। अत: मनुष्य अपनी जिजीविषा के अनुरूप ही व्यवहार करता है।

अपनी जिजीविषा के अनुरूप ही व्यवहार करने वाले लोगों के अंदर धर्म का अभाव होता है उनके सब प्रकार के कार्यों और विचारों में उनकी निजी चाह केंद्र में होती है। उनके कार्यों और विचारों में जो स्वाभाविक विरोध होता है उस पर पर्दा डालने के लिए वे बाल की खाल निकालते तथा जटिल निबंधों के ढेर लगाते रहते हैं। ये निबंध लोगों के दिमाग में हर तरह की अनावश्यक बातें भर देते हैं और आवश्यक एवं महत्त्वपूर्ण बातों की ओर से उनका ध्यान भंग कर देते हैं। परिणामत: अनजाने उन्हें इस दम्भ का आदी बना देते हैं जिसके की हमारी दुनिया के लोग शिकार हो रहे हैं।

बाइबिल में लिखा है- “मनुष्य प्रकाश की अपेक्षा अन्धकार को अधिक पसंद करते थे, क्योंकि वे दुष्कर्म करने के लिए आदी हो गए थे इसका कारण यह है कि जो आदमी कुकर्म करता है वह हमेशा प्रकाश से बचने की चेष्टा करता है और इस डर से वह प्रकाश के नजदीक नहीं जाता कि कहीं उसके ऐसे कर्मों को लोग निंदनीय न कहने लगें।”

सम्पूर्ण संसार ने नेक धार्मिक भावना के अभाव में अपने जीवन को अत्यन्त क्रूर, पाशविक, अनैतिक और दुराचारपूर्ण बना डाला है। साथ ही उन्होंने अपने पतित जीवन की बुराइयों को छिपाने के लिए ऐसे जटिल, सूक्ष्म एवं निरर्थक तर्क उपस्थित किए हैं जो इस सीमा तक गूढ़ और भ्रम पैदा करने वाले हैं कि अधिकांश मनुष्य समाज न तो सही और गलत का निर्णय कर सकता है और न भले और बुरे का पहचान ही कर सकता है।

इस प्रकार एक भी ऐसी समस्या नहीं बची है जिस पर आजकल के लोग सरलता तथा स्पष्टतापूर्वक विचार कर सकें। हम यहाँ पर धार्मिक और दार्शनिक बातों का ज़िक्र नहीं कर रहे हैं। उनको तो आप अलग रख दीजिए। लेकिन दूसरी ओर सबकी सभी समस्याएं- चाहे वे आर्थिक हों, राष्ट्रीय हों, राजनैतिक (स्वदेश संबंधी अथवा विदेश संबंधी) हों, अंतर्राष्ट्रीय हों या वैज्ञानिक हों- सर्वसाधारण के सामने इतने गलत रूप में रखी जाती है और उन्हें ऐसे जटिल और अनावश्यक वाग्जाल द्वारा ढक दिया जाता है कि उन समस्याओं से संबंध रखने वाले सारे के सारे तर्क एक ही बात के चारों ओर चक्कर काटते रहते हैं और दूसरी बातों से उनका कोई सरोकार नहीं होता। यह कार्य ठीक उसी प्रकार होता है जिस प्रकार गति देने वाला चक्र पट्टे द्वारा दूसरे पहियों के साथ संबंधित न होने की अवस्था में अपने आप घूमा

करता है। ऐसे वाद-विवादों का एक ही उद्देश्य होता है और वह यह कि लोगों की आँखों में वे बुराइयां न आएं जिनको मनुष्य दिन-रात करते रहते हैं। अत: मनुष्य सदाचरण हो।

11

विज्ञान के क्षेत्र का विस्तृत अध्ययन करने से मालूम होता है कि ज्ञान के विविध क्षेत्रों का व्यवस्थित रूप से अन्वेषण करने में मनुष्य बौद्धिक रूप से अव्यवस्थित या चकरा जाता है। इसकी वजह यह है कि वे सबके सब वैज्ञानिक अन्वेषण उस मूलभूत प्रश्न को हल नहीं करते जिसका हल करना परम आवश्यक है। इसके विपरीत ये ऐसी गौण बातों का परीक्षण करते रहते हैं जिनका कोई परिणाम नहीं निकलता, इसके विपरीत जैसे-जैसे मनुष्य परीक्षण कार्य में आगे बढ़ता है, वैसे-वैसे वह विषय उसके लिए अधिकाधिक जटिल होता जाता है। जो विज्ञान जीवन में धार्मिक आदर्शों के अनुरूप अपने अन्वेषण के विषयों को नहीं चुनता; बल्कि मनमाने तौर पर विषयों का चुनाव करता है, उसके संबंध में इससे विपरीत और कुछ हो भी नहीं सकता; क्योंकि जीवन के धार्मिक आदर्श को आँखों के सामने न रखने से मनुष्य फिर इस बात का ख़याल रखना छोड़ देता है कि उसको किन वस्तुओं का अध्ययन करना चाहिए, क्यूँ करना चाहिए, किस वस्तु का पहले करना चाहिए और किस वस्तु का बाद में इत्यादि। उदाहरण के लिए समाज विज्ञान और अर्थशास्त्र को ले लीजिए। ये आधुनिक युग के प्रचलित विषय हैं। आपको मालूम होगा कि वास्तव में हमारे सामने एक ही प्रश्न है कि "कुछ लोग तो बिल्कुल परिश्रम नहीं करते और अन्य लोग रात-दिन उनके लिए घोर परिश्रम किया करते हैं?" अथवा दूसरा प्रश्न यह भी हो सकता है कि "लोग एक-दूसरे को बाधा पहुंचाते हुए अलग-अलग परिश्रम क्यों करते हैं और मिल-जुल कर सामूहिक रूप से लाभकारी परिश्रम क्यों नहीं करते?" लेकिन हमारे प्रथम प्रश्न में ही इस प्रश्न का भी समावेश हो जाता है, क्यूंकि अगर संसार में समता न हो तो मनुष्यों के बीच पारस्परिक लड़ाई-झगड़े होना भी बंद हो जाएं। ऐसा प्रतीत होता है कि सिर्फ यही एक प्रश्न हमारे सामने होना चाहिए और इसी प्रश्न के समाधान का हमको प्रयास करना चाहिए। लेकिन विज्ञान ऐसा करता ही कहाँ है? विज्ञान तो इस प्रश्न का विवेचन और हल करने के विचार से ही कोसों दूर भागता है। इतना ही नहीं, वह इतनी दूरी से अपना विश्लेषण आरम्भ करता है और इस प्रकार उसको आगे बढ़ाता है कि उसके निष्कर्षों द्वारा न तो समस्या का समाधान ही हो पाता है और न ही उसके समाधान में कोई सहायता मिलती है। विवेचन इस बात का किया जाता है कि पहले किस प्रकार की व्यवस्था थी और आज कैसी स्थिति है... भूत तथा वर्तमान काल को नक्षत्रों की गति के समान ही अपरिवर्तनीय समझा जाता है।

अतिसूक्ष्म परिभाषाओं का आविष्कार किया जाता है, जैसे- मूल्य, पूंजी, मुनाफा और ब्याज आदि। इस सबके फलस्वरूप विवादकर्ताओं के बीच बुद्धि का जटिल खेल शुरू हो जाता है। सौ साल से यही हो रहा है। सच पूछा जाए तो यह प्रश्न बड़ी सरलता और आसानी के साथ हल किया जा सकता है।

इन सभी समस्याओं का निदान कुछ इस प्रकार किया जाता है कि सबसे पहले हम लोग इस सत्य को स्वीकार करें कि संसार के सब मनुष्य भाई-भाई हैं और समान हैं तथा प्रत्येक मनुष्य को दूसरों के साथ ठीक वैसा ही व्यवहार करना चाहिए जैसा कि वह स्वयं के साथ चाहते हैं।1 इस प्रकार यह सारी समस्या अब केवल इस बात पर केंद्रीभूत हो जाती है कि झूठे धार्मिक नियमों को ख़त्म करके उनके स्थान पर सच्चे धार्मिक सिद्धांतों एवं नियमों की स्थापना की जाए। लेकिन संसार के उन्नत कहे जाने वाले व्यक्तियों को यह बात पसंद नहीं है। वे इस सत्य को स्वीकार ही नहीं करते, बल्कि इस बात के प्रयत्न में लगे रहते हैं कि लोग उस सत्य को कभी संभव ही न मानें। अत: ये विद्वान् लोग निरर्थक बुद्धि विलास में ही- जिसको ये लोग विज्ञान के नाम से पुकारते हैं- हर समय अपने को व्यस्त रखते हैं।

आपराधिक मामलो के तहत दिए जाने वाले दंड विधान के क्षेत्र में भी ठीक यही बात हो रही है। इस क्षेत्र में भी मौलिक प्रश्न सिर्फ एक ही है कि- "क्या कारण है कि दुनिया में ऐसे व्यक्ति मौजूद हैं जो दूसरे लोगों पर बलात्कार करने, उनका शोषण करने, उन्हें जेल में बंद करने, फाँसी पर चढ़ाने, युद्ध क्षेत्र में मरने के लिए भेजने आदि जघन्य कार्य करने पर उतारू हो जाते हैं?" अगर इस प्रश्न को धार्मिक दृष्टिकोण से- और वस्तुत: यही इस प्रश्न के लिए एकमात्र उपयुक्त दृष्टिकोण है- छानबीन की जाए तो हम बड़ी सरलता से इसको हल कर सकते हैं। धार्मिक दृष्टिकोण कहता है कि किसी भी मनुष्य को अपने पड़ोसी के विरुद्ध हिंसा नहीं करनी चाहिए तथा इस समस्या को हल करने के लिए सिर्फ इस बात की आवश्यकता रह जाती है। वह यह कि सब अंधविश्वासों एवं वाग्छलों को समाप्त कर दिया जाए तो हिंसा को बढ़ावा देते हैं। मूलत: मनुष्य के भीतर से हिंसक प्रवृत्ति को ख़त्म करने के लिए सही पथ की ओर ले जाने वाले धार्मिक सिद्धांत को अपनाना चाहिए।

लेकिन हमारे ज़माने के 'प्रगतिशील' व्यक्ति ऐसा करने के बजाए अपनी बुद्धि का सम्पूर्ण कौशल इस बात पर खर्च कर देते हैं कि सर्वसाधारण ऐसे समाधान की आवश्यकता को ही स्वीकार न करे। वे सब प्रकार के दीवानी, फौजदारी, व्यापारिक, पुलिस, मंदिरों और अन्य तरह के कानूनों के संबंध में पुस्तकों के पहाड़ के पहाड़ रचते हैं। इन कानूनों के पक्ष और विपक्ष में विवाद करते और झगड़ते रहते हैं एवं ऐसा करते समय उन्हें इस बात का

पूरा आत्मसंतोष होता है कि वह न केवल एक उपयोगी ही बल्कि साथ में एक अत्यन्त महत्त्वपूर्ण कार्य भी कर रहे हैं। "अगर ऐसा होता कि प्रकृति ने जिन मनुष्यों को सफल बनाया है उनमें से कुछ तो ऐसे हों जो दूसरों के अपराधों का निर्णय करें, कुछ दूसरों पर बलात्कार करें, दूसरों को यंत्रणा पहुँचावे और उन्हें फाँसी पर लटकावें?" इस प्रश्न का ये लोग कोई जवाब नहीं देते? उसके अस्तित्व को भी स्वीकार नहीं करते। इस प्रकार इनकी दृष्टि से तो इस तरह का कोई सवाल ही नहीं उठ सकता। उनके सिद्धांत के अनुसार तो इस सार्वत्रिक हिंसा को करने के दोषी मनुष्य नहीं है; बल्कि एक अमूर्त तत्व है, जिसको हम लोग राज्य (state) के नाम से पुकारा करते हैं। इसी प्रकार ज्ञान के अन्य सभी क्षेत्रों में हमारे समय के ये दिग्गज विद्वान् जीवन के आधारभूत प्रश्नों को या तो टालते हैं, या उनके बारे में बिल्कुल मौन धारण कर लेते हैं और उन प्रश्नों के अन्दर छिपे हुए पारस्परिक विरोधों को छिपाने की कोशिश किया करते हैं।

अगर इतिहास के विषय को ही लिया जाता है तो इस संबंध में महत्त्व का प्रश्न सिर्फ यह है कि, श्रमजीवियों ने (जो सम्पूर्ण मनुष्य जाति का 999/1000 वां भाग है) अब तक किस प्रकार का जीवन व्यतीत किया? इस सवाल का तो हमको इतिहास के पन्नों में कोई उत्तर नहीं मिलता। उसकी उपेक्षा की गई है। इसके विपरीत एक श्रेणी विशेष के इतिहासवेत्ताओं ने ढेरों पुस्तकें रच डाली हैं जिनमें या तो ग्यारहवें लुई की उदर पीड़ाओं, इंग्लैंड की रानी एलिजाबेथ अथवा रूस के नृशंस जार इवान के जघन्य कृत्यों, औरंगज़ेब के अत्याचारों का और नादिरशाह की लूट का वर्णन मिलेगा या यह मिलेगा कि उनके मंत्री कौन-कौन से थे और इन राजाओं, इनकी प्रेमिकाओं और इनके सचिवों का मनोरंजन करने के लिए साहित्यिक व्यक्तियों ने कैसे-कैसे काव्य और नाटक लिखे हैं। उधर इसी श्रेणी के इतिहास लेखक हमको यह बताते हैं कि अमुक लोग जिस देश में रहते थे वह देश कैसा था, वे किस प्रकार के कपड़े पहनते थे, कितनी तरह का और कैसा खाना खाते थे तथा किन-किन चीजों को खरीदते-बेचते थे। इस प्रकार उन्होंने साधारणत: उन सभी बातों का वर्णन किया जिनका जनता के वास्तविक जीवन पर कोई प्रभाव नहीं पड़ता और जिनको केवल उन लोगों के धर्म का प्रतिफल कहा जा सकता है। लेकिन हमारे ये इतिहासवेत्ता धर्म को लोगों के रहन-सहन, खान-पान और वेश-भूषा का ही परिणाम समझते हैं।

"फिर भी श्रमजीवियों ने अपना जीवन किस प्रकार व्यतीत किया?" इस प्रश्न का हमें तब तक कोई उत्तर नहीं मिल सकता जब तक हम इस बात को स्वीकार न कर लें कि धर्म जनता के जीवन का एक आवश्यक अंग है और इसलिए इस प्रश्न का उत्तर अलग-अलग

राष्ट्रों के धार्मिक विश्वासों के अध्ययन करने पर ही हमारे हाथ लग सकता है। इसकी वजह यह है कि यही धार्मिक विश्वास लोगों के अमुक प्रकार के जीवन के कारण होते हैं।

प्राकृतिक इतिहास का अध्ययन तो एक ऐसा विषय है जिसके संबंध में मनुष्य के साधारण ज्ञान पर पर्दा डालने और उसको धुंधला बनाने की कोई आवश्यकता नहीं थी; लेकिन इस क्षेत्र में भी आधुनिक विज्ञान ने जो रुख ग्रहण किया हुआ है उसी का अनुसरण किया गया। "चेतन पदार्थों (वृक्षों और प्राणियों) का संसार क्या है और वह किन-किन भागों में बंटा हुआ है?" इन प्रश्नों का अत्यन्त सरल उत्तर देने के बजाए बिल्कुल निरुपयोगी, गोलमाल और बेकार चर्चा छेद दी जाती है जिसका उद्देश्य मुख्यत: सृष्टि उत्पत्ति संबंधी पौराणिक वर्णनों को झूठा साबित करना होता है। मुद्दा यह उठता है कि विभिन्न प्राणियों और वनस्पतियों के रूप किस प्रकार अस्तित्व में आए। हालांकि न तो कोई व्यक्ति इस बात को जानना चाहता है और न वह इसे जान ही सकता है; क्योंकि जीवों के उद्गम को हम कितना ही क्यों न समझाएं, वह सदा देशकाल की दूरी के कारण हमारी दृष्टि से ओझल ही रहेगा। इसके बावजूद भी इस विषय पर तरह-तरह के सिद्धांत रचे जाते हैं, उन सिद्धांतों को असत्य साबित किया जाता है, पुन: परिशिष्ट सिद्धांतों का आविष्कार किया जाता है और इस तरह लाखों पुस्तकें इसी एक विषय के संबंध में लिख दी जाती हैं। अंत में इस सारे तर्क-वितर्क का जो अकल्पित परिणाम हमारे सामने रखा जाता है, वह यह है कि- जीवन संघर्ष जीवन का नियम है और व्यक्ति को इसी नियम का पालन करना चाहिए।

इन सब के अतिरिक्त औषधि विज्ञान तथा शिल्पकला विज्ञान जैसे प्रयोगिक विज्ञान धार्मिक सिद्धांत से कोई पथ प्रदर्शन न मिलने के कारण अनिवार्यत: अपने युक्तियुक्त पथ से हटकर गलत दिशा में चले जाते हैं। उदाहरणार्थ- शिल्प कला विज्ञान का उपयोग जनता के परिश्रम को हल्का करने में नहीं किया जाता। इसका प्रयोग ऐसे सुधार करने में किया जाता है जिनकी केवल धनवानों को जरूरत होती है और ये सुधार धनवानों और गरीबों, मालिकों और गुलामों के बीच के अंतर को और अधिक बढ़ाने वाले सिद्ध होते हैं। अगर इन आविष्कारों और सुधारों का थोड़ा बहुत लाभ मजदूरों को भी मिल जाता है तो इसकी वजह यह बिल्कुल नहीं है कि वे जनता की भलाई को दृष्टि में रखकर किए गए थे; बल्कि उसकी वजह केवल यह है कि जनता को उस लाभ से वंचित नहीं रखा जा सकता है।

यही बात औषधि विज्ञान (आयुर्वेद डाक्टरी) के संबंध में भी लागू होती है। यह विज्ञान गलत दिशा कि ओर इतना अधिक बढ़ चुका है कि अब केवल धनवान लोग ही उससे लाभ उठा सकते हैं। दूसरी ओर सामान्य जन का जिस प्रकार का जीवन है और जिस गरीबी में वे

पड़े हुए हैं और गरीबों के जीवन को सुधारने संबंधी प्रश्नों की हमने जिस प्रकार अवहेलना की है, उसकी वजह से सर्वसाधारण को जिन स्थितियों में औषधि विज्ञान की सहायता गिनती है, उससे यह स्पष्ट रूप से सिद्ध हो जाता है कि औषध विज्ञान अपने वास्तविक उद्देश्य से कितना भटक गया है।

जिसे आज दर्शनशास्त्र कहा जाता है, उसमें भी अनिवार्य प्रश्नों की उपेक्षा और उनका विकृत रूप बड़े स्पष्ट रूप में दृष्टिगोचर होता है। सिर्फ एक ही मुख्य प्रश्न है जिसका दर्शनशास्त्र को उत्तर देना है और वह यह है कि-"मेरा कर्त्तव्य क्या है?" यूरोपीय राष्ट्रों के दर्शनशास्त्रों में इस प्रश्न के उत्तर किसी सीमा तक दिए भी गए हैं- हालांकि स्पिनोजा, केण्ट (जैसा कि उसके व्यावहारिक तर्क की आलोचना नामक ग्रन्थ में लिखा है) शोपनहार और विशेषत: रूसो ने अपने मंतव्यों में बहुत कुछ ऐसी बातें भी सम्मिलित कर दी हैं जो अनावश्यक और जटिल हैं। लेकिन जब से हेगल ने जिसका कथन है कि- जो कुछ अस्तित्वमय है, वह सब तर्क सम्मत है, इस क्षेत्र में कदम रखा है, तब से "मेरा कर्तव्य क्या है?" इस प्रश्न को पीछे हटा दिया गया है। दर्शनशास्त्र ने पदार्थों का उनके वर्तमान स्वरूप में अनुसंधान करने और उनका पूर्व निश्चित सिद्धांतों के साथ सामंजस्य मिलाने में अपनी सारी शक्ति लगा दी है। दर्शनशास्त्र का पतन की ओर वह पहला कदम था। इस दिशा में दूसरा कदम, जिसने मानव विचार को अवनति की ओर थोड़ा और अग्रसर किया, उस समय बढ़ाया गया, जब दर्शनशास्त्र ने जीवन संघर्ष को जीवन का मौलिक नियम मान लिया तो सिर्फ इसलिए कि ऐसा संघर्ष वृक्षों एवं पशुओं में देखा जा सकता है। इस नवीन सिद्धांत के प्रभाव में आकर लोग अब यह मानने लगे हैं कि दुर्बलों का विनाश एक ऐसा नियम है, जिसमें हमें बाधा नहीं पहुँचानी चाहिए। अन्त में पतन की ओर तीसरा कदम उस वक़्त बढ़ाया गया जब हमारे ज़माने के अग्रगण्य व्यक्तियों ने अर्ध-विक्षिप्त नीत्शे के अपने आपको मौलिक साबित करने के थोथे प्रयत्नों को दर्शनशास्त्र के अंतिम वचन मान लिया। नीत्शे ने जनता के सामने किसी भी बात को अपने सम्पूर्ण और सुगठित रूप में नहीं रखा, बल्कि उसने अत्यन्त निराधार विचारों को अनैतिक और अस्त-व्यस्त रूप में एकत्र कर दिया है। "हमारा क्या कर्त्तव्य है?" इस प्रश्न के उत्तर में स्पष्ट शब्दों में यह उत्तर दिया जाता है- 'दूसरे लोगों के जीवन की कुछ परवाह न करो और अपनी इच्छा के अनुसार जीवन बिताओ।'

कहा जाता है कि किसी व्यक्ति को हमारे ईसाई समाज की इस पाशविकता और मूढ़ता में शंका हो तो नीत्शे के निबंधों की सफलता से ही उसकी शंका का निवारण हो जाना

चाहिए। यदि ईसाई समाज का इतना घोर नैतिक पतन न हो गया होता तो क्या यह संभव था कि दक्षिण अफ्रीका और चीन में जो हत्याकांड हुए, वे बिना किसी विरोध के चुपचाप बर्दाश्त कर लिए जाते? हमारे धर्मगुरुओं तक ने इनका समर्थन किया और दुनिया के बड़े-बड़े लोगों ने उनको महान कार्य घोषित किया। कैसी विचित्र बात है! एक यशलोलुप व्यक्ति जो एक साहसी, किन्तु सीमित और साधारण जर्मन था, द्वारा लिखित कुछ असम्बद्ध निबंध- जिनका उद्देश्य लोगों पर जबरदस्ती प्रभाव डालना होता है- प्रकाशित होते हैं। इन लेखों में न तो कोई बौद्धिक प्रतिभा होती है और न युक्तियुक्तता ही, कि जिसकी वजह से लोगों का ध्यान उनकी ओर आकर्षित हो सके। केण्ट, लाइब्निज अथवा ह्यूम के समय में या उनसे पूर्ववर्ती पचास वर्ष अगर ऐसे लेख लिखे जाते तो जनता का उनकी ओर ध्यान आकर्षित होना तो दूर रहा, उनके प्रकाशित होने की भी नौबत नहीं आती। लेकिन हमारे समय में मनुष्य जाति के सभी शिक्षित कहे जाने वाले लोग नीत्शे की बकवास पर बहुत प्रसन्न होते हैं। वे उसके विचारों के संबंध में परस्पर वाद-विवाद करते हैं, दूसरे लोगों को समझाते हैं और संसार की सब भाषाओं में उसकी रचनाओं की असंख्य प्रतियां छापी जाती हैं, जो कि वस्तुतः मूढ़ता ही है।

तुर्गनेव एक स्थान पर विनोद में आकर लिखता है कि दुनिया में कुछ 'बेसिर पैर की बातें हैं"। ऐसी बातें वे लोग किया करते हैं जिनमें प्रतिभा का अभाव होता है। लेकिन जो लोगों का ध्यान अपनी ओर आकर्षित करना चाहते हैं। उदाहरणस्वरूप कहा जाये कि प्रत्येक मनुष्य इस बात से परिचित है कि पानी गीला होता है। लेकिन अचानक हमारे सामने एक आदमी आकर खड़ा हो जाए और गंभीरतापूर्वक कहने लगे कि- "अरे भाई! बर्फ़ नहीं, पानी सूखा होता है।" और जब इस प्रकार की बात आत्मविश्वासपूर्वक कही जाती है तो लोगों का ध्यान उस ओर अवश्य आकर्षित हो जाता है।

इसी तरह सारा संसार इस बात को जानता है कि 'इन्द्रिय दमन' और 'आत्मत्याग' ही मनुष्योचित गुण है। इस बात को न केवल ईसाई लोग ही जानते हैं (जिनके साथ नीत्शे का ख़याल है कि वह झगड़ रहा है) बल्कि यह एक ऐसा अमर और सर्वश्रेष्ठ नियम है जिसको सम्पूर्ण मनुष्य जाति स्वीकार करती है। क्या ब्राह्मण धर्म, क्या बौद्ध धर्म, क्या कन्फ़्यूशियन धर्म और क्या पुराने ज़माने का पारसी धर्म, सबने इस नियम की श्रेष्ठता को स्वीकार कर रखा है; लेकिन अचानक एक आदमी आता है और वह अपने इस आविष्कार की घोषणा करता है कि आत्मत्याग, तपस्या, विनय, प्रेम, दूसरे के प्रति आदर का भाव इत्यादि सब बुराइयाँ हैं जो मनुष्य जाति का सर्वनाश कर रही है। यहाँ वह सिर्फ ईसाई धर्म का उल्लेख

करता है और दुनिया के दूसरे सब धर्मों को भूल जाता है। यह समझ में आने योग्य बात है कि पहले-पहल इस प्रकार का कथन लोगों को असमंजस में डाल दे। लेकिन कुछ विचारकों ने पश्चात और उस व्यक्ति के लेखों में वर्णित अस्पष्ट एव अव्यवहारिक मंतव्यों की सच्चाई का कोई प्रमाण न पाने पर प्रत्येक विवेकशील व्यक्ति को ऐसी पुस्तकों का बहिष्कार कर देना चाहिए और इस बात पर आश्चर्य भी प्रकट करना चाहिए कि आजकल के प्रकाशक ऐसी-ऐसी मूर्खतापूर्ण एवं निरर्थक पुस्तकों को प्रकाशित करने में भी नहीं सकुचाते। लेकिन नीत्शे की रचनाओं के संबंध में इस तरह का रवैया अख्तियार नहीं किया गया। सभ्यताभिमानी समुदाय के अधिकांश लोग गंभीरतापूर्वक नीत्शे के 'अति मनुष्यत्व' (super humanity) के सिद्धांत पर विचार विनिमय करते हैं और उसको डिस्केटीज़, लाइब्निज एवं केण्ट का उत्तराधिकारी मानते हैं।

अब प्रश्न यह उठता है कि 'यह सब किस लिए हुआ ?' सिर्फ इसलिए कि हमारे ज़माने के सभ्यताभिमानी लोगों का अधिकांश समुदाय प्रत्येक ऐसी बात को पसंद नहीं करता जो उन्हें मनुष्योचित गुणों की याद दिलाती हो अथवा उन गुणों के आधार स्तम्भों- आत्मत्याग और प्रेम का स्मरण कराती हो। ये लोग ऐसी बात को पसंद नहीं करते जो उनके प्रचलित पाशविक और अनैतिक जीवन को संयमित बनाती हो। बल्कि ये लोग प्रसन्नतापूर्वक स्वार्थ और निर्दयता से भरे हुए ऐसे सिद्धांतों का स्वागत करते हैं जिनका उद्देश्य- फिर वे सिद्धांत चाहे कितने ही साधारण समझ में न आने योग्य और असंगत रूप में क्यों न व्याप्त किए गए हों- उस प्रणाली का समर्थन करना होता है जो दूसरे लोगों के परिश्रम और कमाई पर खुद मौज उड़ाने और बड़े बनने की व्यवस्था को कायम रखती है। इसी प्रणाली के अनुसार उपरोक्त नकली सभ्यताभिमानी लोग अपना जीवन बिताते हैं।

12

यहूदियों के धर्म गुरुओं और विद्वानों की भर्त्सना ईसा मसीह ने इसलिए की थी क्यूंकि उन्होंने स्वर्ग के द्वार की चाबियों को हथिया लिया था; पर न तो वे स्वयं स्वर्ग के राज्य में प्रवेश करते थे और न दूसरे लोगों को उसमें प्रविष्ट होने देते थे।

आज के समय भी सभी ज्ञानी एवं विद्वान् व्यक्ति चाबियों पर कब्ज़ा जमाना चाहते है, अंतर सिर्फ इतना है कि यह चाबियां राज्य की नहीं है क्यूंकि इन्होंने शिक्षा और संस्कृति के भवन की चाबियों पर अधिकार जमा रखा है। जिसमें न तो खुद प्रवेश करते हैं और न किसी अन्य को जाने देते हैं।

सब प्रकार की धोखेबाजियां और मायाजाल के सहारे धर्म के दलालों ने, धर्मगुरुओं और पण्डे-पुजारियों ने, जन साधारण के दिमाग में इस धारणा को बिठा दिया है कि ईसाई धर्म मनुष्य-मनुष्य की समानता (विश्वबन्धुता) के सिद्धांत की शिक्षा नहीं देता और इसलिए वह लोगों की वर्तमान सम्पूर्ण जीवन व्यवस्था का नाशक भी नहीं है। इसके विपरीत वह आधुनिक समाज व्यवस्था का समर्थक है, आकाश में स्थित नक्षत्रों की भाँति एक मनुष्य और दूसरे मनुष्य के बीच भेद-भाव रखने का आदेश देता है और उन्हें अलग-अलग जातियों और वर्गों के सदस्य मानता है। ये धर्मगुरु प्रत्येक प्रचलित धार्मिक संस्था और राज्य प्रणाली को ईश्वरानुमोदित मानते हैं और उसकी आज्ञाओं का पूर्ण रूप से पालन करते हैं। सार यह कि ये लोग समाज के दलित और पीड़ित लोगों को यह सुझाया करते हैं कि स्वयं ईश्वर ने उनको इस दयनीय स्थिति में डाल रखा है, मनुष्यों का इसमें कोई दोष नहीं है और इसलिए उनको चाहिए कि वे विनयपूर्वक और दीनता के साथ अपनी इस अवस्था को सहन करते रहें साथ ही उन्हें अपने अत्याचारियों, सम्राटों, राजाओं, पापों, मठाधीशों, धर्म के गुरुओं, पण्डे-पुजारियों, सरकारी अफ़सरों और आध्यात्मिक तथा सांसारिक सभी प्रकार से बड़े लोगों की आज्ञाओं का भी यथावत पालन करना चाहिए; लेकिन इन अत्याचारों के लिए यह ज़रूरी नहीं है कि वे विनयशील और दीन वृत्ति वाले हों, बल्कि उन्हें चाहिए कि वे अपने अधीन जनता को धार्मिक उपदेश अथवा दण्ड देकर सुधारते रहे और स्वयं भोग विलास एवं शान-शक्ति की ज़िंदगी बिताते रहे। उनके अधीन लोगों का यह कर्तव्य है कि वे अपने अत्याचारियों के लिए भोग विलास और शान शौकत के साधन जुटाते रहें। आजकल का ईसाई धर्म और दूसरे धर्मों की दशा भी अब करीब-करीब ऐसी ही है- लोगों को इसी तरह की बातों की शिक्षा दे रहा है और इस झूठी धार्मिक शिक्षा से प्रभावित और इसका प्रबल समर्थक शासक समुदाय जनता पर कड़ाई के साथ शासन करता है और लोगों को शासकों के प्रमाद, भोग विलास और पापाचारों के साधन जुटाने को मजबूर करता रहता है। इन अत्याचार पीड़ितों और अत्याचारियों के अतिरिक्त एक तीसरी श्रेणी के लोग भी समाज में हैं। वो हैं वैज्ञानिक लोग जिन्होंने इस धार्मिक मायाजाल से अपने आपको स्वतंत्र कर लिया है। सिर्फ इन्हीं के अंदर जनता को अत्याचारों से मुक्ति दिलाने का सामर्थ्य है। लेकिन ये लोग भी जनता की स्वतंत्रता के लिए प्रयत्न नहीं करते। वे हमेशा यही कहा करते हैं कि ऐसा करने की अभिलाषा है; लेकिन वे इस उद्देश्य को सिद्ध करने के बजाए ठीक इसके विपरीत कार्य कर रहें हैं और मन ही मन समझते हैं कि उन कार्यों के द्वारा वे जनता की सेवा कर रहे हैं।

हर बुद्धिमान व्यक्ति इस बात की इच्छा करेगा कि कितना अच्छा होता अगर इन लोगों ने इस बात को देखा होता कि वास्तव में कौन सी वस्तु जनता को प्रेरित किया करती है

और कौन सी वस्तु उनको अपनी वर्तमान पतित अवस्था में पड़ा रखती है; फिर ये लोग अपनी सारी ताकत शक्ति के उस उद्गम स्रोत को संचालित करने में लगा देते। जिन लोगों ने सर्वसाधारण को पराधीन बना रखा है वे लोग किस चीज़ से सबसे अधिक भय खाते हैं, यदि इस पर सरसरी तौर पर विचार किया जाए तो यह मालूम किया जा सकता है कि कौन-सी शक्ति जनता को प्रेरित करती है और कौन सी उनको अपनी प्रचलित स्थिति में कायम रखती है। परन्तु हमारे वैज्ञानिक इस तरफ जरा भी ध्यान नहीं देते। इसके विपरीत वे इसको बिल्कुल निरर्थक कार्य समझते हैं।

ऐसा प्रतीत होता है कि ये लोग असलियत को जानना ही नहीं चाहते। ये लोग शुद्ध हृदय से और लगन के साथ विविध प्रकार के लोकोपयोगी कार्य करते रहते हैं। परन्तु जनता के लिए जो सबसे पहली और सबसे आवश्यक बात है उसको कभी हाथ तक नहीं लगाते। अतएव इन लोगों का यह सारा कार्य ठीक उस आदमी के कार्य के समान है जो एक पूरी रेलगाड़ी को बलपूर्वक आगे धकेलने का प्रयत्न करता है, हालांकि उसको ज़रूरत सिर्फ इस बात की है कि वह गाड़ी के इंजन पर सवार हो जाए और फिर उस काम को करने लगे जिसको वह बार-बार ड्राइवर को करते हुए देखता है- अर्थात् भाप को पहियों में पहुँचने के लिए एक लीवर को घुमा दे। मनुष्यों की जीवन संबंधी धार्मिक कल्पना की हम उस भाप से तुलना कर सकते हैं। कितना अच्छा होता अगर वैज्ञानिक इस बात को जान जाते कि अलग-अलग देशों का शासक समुदाय कितनी उत्सुकता और सतर्कतापूर्वक इस प्रेरक शक्ति को जिसके द्वारा वह जनता पर हुकूमत करता और अधिकार जमाए रखता है- अपने अधीन बनाए रखने का प्रयत्न करता रहता है। यदि मानव समाज के अग्रणी व्यक्ति इस तथ्य को समझ लें तो उन्हें ज्ञात हो जाएगा कि जन साधारण को गुलामी और अत्याचारों से स्वतंत्रता दिलाने के लिए उन्हें किस दिशा में प्रयास करना चाहिए।

तुर्की के सुल्तान को किस चीज़ की रक्षा करने की सबसे अधिक चिंता थी और किस चीज़ से वह सहायता की आशा रखता था? रूस का सम्राट अपनी यात्रा के समय किसी नगर में प्रवेश करते ही सबसे पहले कुमारी मेरी की मूर्ति को अथवा किसी सन्त महात्मा के भग्नावशेष को चूमने का काम क्यों करता था? अपनी सभ्यता और संस्कृति की श्रेष्ठता का इतना अधिक गर्व अनुभव करते हुए भी जर्मन सम्राट अपने सब भाषणों में- उचित और अनुचित सभी अवसरों पर- ईश्वर, ईसा मसीह, धार्मिक पवित्रता, शपथ इत्यादि बातों का उल्लेख क्यों किया करता था? केवल इसलिए कि ये सब लोग इस बात को जानते हैं कि इनकी शक्ति का आधार सेना है और सेना का आधार- नि:संदेह यह एक विचित्र बात है कि सेना जैसी चीज़ का भी समाज में अस्तित्व हो- धर्म है। यदि धनवान लोग और और साधारणत: विशेष रूप से धर्म भीरु होते हैं और मंदिरों में जाकर उपवास तथा व्रत रखकर

धर्म के प्रति श्रद्धा रखने का दिखावा करते हैं तो इसका मुख्य कारण यह है कि आत्मरक्षा का भाव उनको इस बात की चेतावनी देता है कि समाज में उन्होंने जो एक विशेष और अपने लिए लाभदायक दर्जा बना लिया है वह तभी तक कायम रह सकता है जब तक कि वे प्रचलित धर्म को मानते रहें।

बहुधा इन लोगों को इस बात का पता नहीं होता कि धार्मिक दम्भ पर किस प्रकार उनके विशेषाधिकार निर्भर हैं; लेकिन आत्मरक्षा की भावना उनको उस व्यवस्था के कमज़ोर स्थल की सूचना दे देती है, जिस पर उनकी शक्ति का आधार होता है, और ये लोग सबसे पहले उस कमज़ोर स्थल का ही बचाव करते हैं। कुछ हद तक लोग साम्यवादी और क्रांतिकारी प्रचार होने देते हैं, लेकिन धर्म के आधार स्तंभों पर उन्होंने कभी किसी को हाथ नहीं डालने दिया।

इसलिए हमारे ज़माने के अग्रगण्य व्यक्तियों- विद्वानों, उदारदल वालों, साम्यवादियों, क्रांतिकारियों और अराजकों को यदि इतिहास और मनोविज्ञान का अध्ययन करने पर भी इस बात का पता नहीं लगता कि कौन सी शक्ति जनता को प्रेरित करती है तो उनके समाधान के लिए यह स्पष्ट दिखलाई पड़ने वाली बात पर्याप्त होनी चाहिए कि वह प्रेरक शक्ति भौतिक पदार्थों में नहीं है, बल्कि वह सिर्फ धर्म में ही विद्यमान है।

फिर भी यह अत्यन्त आश्चर्य की बात है कि हमारे विद्वान् और अग्रगण्य व्यक्ति जो अलग-अलग राष्ट्रों के जीवन की अवस्थाओं को जानते और उन पर सूक्ष्म वाद-विवाद करते हैं, सीधी और स्पष्ट बात को नहीं देख सकते जो प्रत्येक व्यक्ति का ध्यान आकर्षित करती है। अगर ये लोग समाज के अल्पसंख्यक समुदाय में अपनी सुविधाजनक स्थिति कायम रखने के लिए जान बूझ कर जनता को धार्मिक अज्ञान में पड़े रहने देते हैं तो इसे भयंकर और विभत्स दम्भ कहना होगा। यही वे लोग हैं जिनको ईसा ने ख़ास तौर पर दम्भी कह कर निंदनीय ठहराया था। क्योंकि मनुष्य जीवन में इन लोगों ने जितनी खराबियां पैदा की हैं उतनी बुरे से बुरे आदमी ने भी न की होंगी।

लेकिन अगर इन लोगों के अन्दर सच्चाई है और ये अपना काम शुद्ध हृदय से कर रहे हैं तो बुद्धि पर पर्दा पड़ने का हमको इसके अतिरिक्त और कोई कारण दिखलाई नहीं पड़ता कि जिस प्रकार सामान्य जन झूठे धर्म के मायाजाल में फंसे हुए हैं उसी प्रकार आजकल के ये नकली सभ्यताभिमानी व्यक्तिभी झूठे विज्ञान के मायाजाल में फंसे हुए हैं। इस झूठे विज्ञान ने इस बात की व्यवस्था दी है कि मानव समाज की प्रमुख प्रेरक शक्ति अर्थात् धर्म- जिसने अब तक मनुष्य जाति को प्रेरित किया और जो अब भी प्रेरित कर रही है- बिल्कुल, निकम्मा हो गया है और उसका स्थान किसी दूसरी वस्तु को मिल जाना चाहिए।

हमारी दुनिया के शिक्षित और विद्वान् लोगों का यह भ्रम अथवा दम्भ ही इस ज़माने की विशेषता है। मनुष्य जाति की वर्तमान दयनीय अवस्था और आपदाओं का कारण इन लोगों का यह भ्रम और दम्भ ही है और इसी वजह से मानव समाज अधिकाधिक पाशविक होता जा रहा है।

आजकल के शिक्षित लोगों को यह कहने की कुछ आदत-सी पड़ गई है कि सर्व साधारण में प्रचलित झूठे धार्मिक विश्वासों का कोई महत्त्व नहीं है और इसलिए उन विश्वासों के विरुद्ध जिस प्रकार ह्यूम, वाल्टेयर, रूसो आदि लोगों ने प्रत्यक्ष लड़ाई लड़ना आवश्यक और महत्त्वपूर्ण नहीं है। उनका ख़याल है कि विज्ञान के द्वारा अर्थात् इस विश्रृंखला और आकस्मिक ज्ञान के द्वारा जिसका वे जनता में प्रचार करते रहते हैं, यह कार्य संपन्न हो जाएगा और जो लोग इस बात को जान जाएंगे कि पृथ्वी से सूर्य कितने करोड़ मील दूर है और सूर्य तथा नक्षत्रों में किस-किस तरह के धातु विद्यमान हैं, वे लोग पण्डे-पुजारियों की बेटों में विश्वास रखना अपने आप बंद कर देंगे।

सच्चे अथवा झूठे कथन या मंतव्य में एक भारी भ्रम या भयंकर दम्भ निहित है। बाल्यकाल के प्रारम्भिक वर्षों में ही- उन वर्षों में ही जब कि बालक के दिल पर प्रत्येक वस्तु की तुरंत छाप पड़ा करती है और जब बालकों को शिक्षण देने वाले लोग इस बात की पूरी सावधानी नहीं रख सकते कि उन्हें किस प्रकार शिक्षा दी जाए- बालक पर कथित धर्म के नाम ऐसे मूर्खतापूर्ण और अनैतिक विधि विधानों का मायाजाल फैला दिया जाता है जो हमारे ज्ञान और बुद्धि के बिल्कुल विपरीत होते हैं। उसको त्रिमूर्ति के अस्तित्व की शिक्षा दी जाती है जिसको हमारी विवेक शक्ति कभी स्वीकार नहीं कर सकती। मनुष्य जाति के मोक्ष के लिए तीनों देवताओं में से किसी के पृथ्वी पर अवतार लेने, उनके निर्वाण पाने और स्वर्ग में चले जाने की शिक्षा दी जाती है। उसे कहा जाता है कि ईसा पुन: जन्म लेगा और जो इन बातों में विश्वास नहीं करते उनको कल्पांत तक नरक की यातनाएं सहनी पड़ेगी। उसको यह भी सिखलाया जाता है कि जिस चीज़ की उसको जरूरत हो उसके लिए वह परमात्मा की प्रार्थना करे। इसी प्रकार की और भी अनेक बातें उसको सिखाई जाती हैं और जब ये सारी बातें (जो वास्तव में मनुष्य की आत्मा, बुद्धि और प्रचलित ज्ञान सामग्री के बिल्कुल विपरीत होती हैं) बालक के कोमल मन पर अमिट रूप से अंकित कर दी जाती हैं तो उसे इन धार्मिक विधि विधानों से उत्पन्न होने वाले पारस्परिक विरोधों के जंजाल में भटकने के लिए अकेला छोड़ दिया जाता है। उन बातों को संदिग्ध रूप से सच मान लेने से उसकी अवस्था बहुत दयनीय हो जाती है। वह किंकर्तव्यमूढ़ हो जाता है। क्या सत्य है, और क्या

असत्य ?- इस बात का विवेक करने की शक्ति उसके भीतर नहीं रहती। ऐसी अवस्था में उसको कोई आदमी यह नहीं बताता कि उसे किस प्रकार इन पारस्परिक विरोधों में साम्य स्थापित करने की कुछ कोशिश करते भी हैं तो उनके प्रयास मामले को पहले से भी ज़्यादा पेचीदा बना देते हैं। इस प्रकार धीरे-धीरे आदमी के अन्दर यह धारणा गहरी जड़ जमा लेती है (और आध्यात्मिक के ठेकेदार उसकी इस धारणा का प्रबल समर्थन करते हैं) कि उसकी अपनी बुद्धि विश्वास के योग्य नहीं है और इसलिए कोई भी चीज़ इस दुनिया में सम्भव हो सकती है; और यह भी कि मनुष्य के अंदर ऐसी कोई योग्यता नहीं है जिसके द्वारा वह स्वयं अच्छाई को बुराई से और सत्य को असत्य से अलग कर सके। इसके अलावा धीरे-धीरे वह इस बात को सोचने का भी आदी हो जाता है कि अपने लिए जो बात सबसे अधिक महत्त्वपूर्ण है- अर्थात् उसके दैनिक कार्य उसमें भी उसको अपनी बुद्धि से काम नहीं लेना चाहिए; बल्कि दूसरे लोग जैसा कह दें उसी प्रकार उसको करते जाना चाहिए। पाठक स्वयं विचार कर सकते हैं कि इस प्रकार की शिक्षा मनुष्यों के आध्यात्मिक संसार को कितने भयंकर रूप से विकृत और पतित बना देगी! ख़ास कर उस समय जब कि वयस्क उम्र में भी धर्मगुरु लोगों पर हर किस्म के मायाजाल फैलाते रहते हैं।

अगर कोई मनुष्य अपनी बाल्यावस्था में ऐसे धार्मिक मायाजाल के वातावरण में पला हो और जवानी के दिनों में भी उसने ऐसे मायाजाल को अपनाए रखा हो, और अगर वह अपने आत्मिक बल, अद्योग और कष्ट सहन के द्वारा अपने आपको इस मायाजाल से स्वतंत्र कर ले तो भी उसके मस्तिष्क में उस विकार का कुछ असर बाकी रह ही जाएगा, जो यह कहकर पैदा किया गया था कि उसको अपनी बुद्धि पर भरोसा नहीं करना चाहिए। यदि शरीर का कोई अवयव किसी तीक्ष्ण विष से विषाक्त हो जाए तो उसका असर पूर्णतः नहीं मिट सकता। यही बात मानसिक विकृति पर भी लागू होती है। जो आदमी इस दम्भ के जाल से अपने आपको स्वतंत्र कर लेता है और उस असत्य से घृणा करने लगता है जिसके जाल से वह अभी-अभी स्वतंत्र हुआ है, ऐसे आदमी के लिए यह बिल्कुल स्वाभाविक है कि वह आजकल के प्रगतिशील लोगों के विचारों को अंगीकार कर ले और हर प्रकार के धर्म को मनुष्य जाति के उन्नति पथ का बाधक मानने लगे। इस विचार को ग्रहण कर लेने पर वह व्यक्ति खुद भी अपने आचार्यों की भाँति एक सिद्धांतहीन व्यक्ति बन जाता है। फिर उसके अन्दर किसी प्रकार की आत्म चेतना बाकी नहीं रहती और जीवन में वह केवल अपनी इच्छाओं के वशीभूत होकर काम करने लगता है। अपनी इस अवनत अवस्था को निंदनीय नहीं समझता, इसके विपरीत वह उसे मानसिक विकास की सर्वोच्च अवस्था समझने लगता है जो मनुष्य के लिए सुलभ हो सकती है।

ऐसे व्यक्ति जिनका चित्त दृढ होता है उनका यही हाल होता है; लेकिन जो इतने दृढ़ नहीं होते उनके उदर में शंकाएं भले ही उठती हैं, पर वे पूर्ण रूप से अपने आपको उस मायाजाल से मुक्त नहीं कर पाए सकते जिसमें वे पले होते हैं। जिन विविध विधानों को वे बहुधा स्वीकार कर चुके होते हैं, उनका समर्थन करने के लिए वे अनेक प्रकार के मूर्खतापूर्ण, जटिल सिद्धांत मानने लगते हैं या नए गढ़ लेते हैं। वे शंका, अस्पष्टता, मिथ्या, विश्वास और दम्भ की दुनिया में रहते हैं और जन साधारण को मायाजाल में रखने में सहयोग देते हैं और उनमें ज्ञान के प्रसार का विरोध करते हैं।

लेकिन बहुसंख्यक लोगों की जीवनचर्या ज्यों-की-त्यों चलती रहती है। उन पर जो मायाजाल फैलाया जाता है उसका सामना करने का न तो उनमें सामर्थ्य होता है और न उन्हें वैसा करने का अवसर ही मिलता है। वे वर्तमान काल की भाँति सदियों तक एक ही प्रकार का जीवन बिताते रहते हैं, सर्वोच्च मानव कल्याण अर्थात् जीवन के संबंध में सच्चे धार्मिक ज्ञान से वंचित रहते हैं और हमेशा उन वर्गों के हाथों के खिलौने बने रहते हैं जो उनपर शासन करते हैं और उन्हें धोखा देते रहते हैं।

इस भयंकर मायाजाल को हमारे समय के अगुआ और विद्वान व्यक्ति महत्त्वहीन और नगण्य समझते हैं। वे इस पर सीधा प्रहार नहीं करना चाहते। अगर उनका सच्चाई के साथ यह विश्वास है तो उसकी वजह सिवाय इसके और कोई मालूम नहीं होती कि वे स्वयं झूठे विज्ञान के भ्रमजाल में फंसे हुए हैं। अगर उनका यह विश्वास सच्चाई को लिए हुए नहीं है तो उनके इस व्यवहार का यही कारण हो सकता है कि प्रचलित धार्मिक विश्वासों पर प्रहार करना लाभदायक नहीं होता और बेहद ख़तरनाक होता है। कुछ भी हो यह कथन बिल्कुल झूठ है कि मिथ्या धर्म को मानते रहने से जनता को कोई नुक्सान नहीं पहुँचता- और अगर नुक्सान पहुँचता है, तो वह नुकसान कोई महत्त्व नहीं रखता- इसलिए बिना धार्मिक प्रपंच और मायाजाल को नष्ट किए ही जनता में ज्ञान विज्ञान, शिक्षा और संस्कृति का प्रसार किया जा सकता है।

मनुष्य जाति के लिए अपने दुखों और आपदाओं से बच निकलने का एकमात्र मार्ग है। वह यह कि एक तो वह धर्म गुरुओं द्वारा फैलाए मायाजाल से अपने आपको स्वतंत्र कर लें, और दूसरे उस मायाजाल में पड़ने से भी अपने आपको बचाएं जिसकी ओर आजकल के विद्वान् व्यक्ति उनको घसीट कर ले जाना चाहते हैं। भरी हुई बोतल में दूसरी चीज़ डालने के लिए यह आवश्यक है कि पहले उसमें पड़ी हुई चीज़ बाहर निकाल दी जाए। इसी तरह यह ज़रूरी है कि जनता को झूठे धार्मिक मायाजाल से स्वतंत्र किया जाए ताकि फिर वह नवीन सच्चे धर्म को ग्रहण करने के योग्य बन सकें। यह सच्चा धर्म और कुछ नहीं, सर्वान्तर्यामी

परमात्मा के साथ (मनुष्य जाति ने अब तक जो उन्नति कर ली है उसके अनुसार) बांधा गया यथार्थ संबंध है और इस संबंध को पहचान लेने पर लोग उससे अपने जीवन में पथ प्रदर्शन पा सकते हैं।

14

"क्या सत्य में कोई सच्चा धर्म है भी?" संसार में हमें अनेक प्रकार के धर्म मिलते हैं। ऐसी स्थिति में हमको क्या अधिकार है कि हम उनमें से किसी ख़ास धर्म के बाहरी स्वरूपों को एक प्रकार की बीमारी समझते हैं और जो इस बीमारी से अपने आपको मुक्त किन्तु दूसरों को उसका शिकार समझते हैं। उनकी यह मान्यता ठीक नहीं है। धर्मों के बाह्य रूप अलग-अलग होने पर भी उनके मूल तत्व एक जैसे होते हैं और यही वे सिद्धांत हैं जो तमाम धर्मों के मूल आधार हैं, इन्हीं से उस सच्चे धर्म का निर्माण होता है जो आधुनिक युग में हम सब लोगों के लिए उपयुक्त हो सकता है और जिसको मान लेने से मनुष्य जाति अपने कष्टों से मुक्ति पा सकती है।

मानव जाति को अस्तित्व में आए बहुत साल हो गए हैं। इन असंख्य वर्षों के अन्दर इसने पीढ़ी दर पीढ़ी, जिस प्रकार अनेक व्यावहारिक आविष्कार किए और उन्हें उन्नति प्रदान की है, उसी प्रकार वह ऐसे आध्यात्मिक सिद्धांतों का आविष्कार और विकास किए बिना भी नहीं रह सकती थी जो मनुष्य के जीवन के लिए आधार स्वरुप बने हुए हैं। इसी प्रकार इन आध्यात्मिक सिद्धांतों से उत्पन्न होने वाले व्यवहार नियमों का आविष्कार और विकास भी मनुष्य जाति ने किया है। अगर अंधे लोग इन बातों को नहीं देख सकते तो इससे यह साबित नहीं होता कि वे बातें विद्यमान नहीं हैं।

सब लोगों के समान रूप से आचरण करने योग्य धर्म इस समय मौजूद है। यह कोई ऐसा सम्प्रदाय नहीं है जिसकी अपनी कुछ विशेषताएं और विकृतियां हों बल्कि यह एक ऐसा धर्म है जिसमें ऐसे सिद्धांतों का समावेश है जो सभी बड़े-बड़े धर्मों में समान रूप से पाए जाते हैं। इन सिद्धांतों को मनुष्य जाति के 90 प्रतिशत लोगों ने आज भी ग्रहण किया हुआ है और मनुष्य के अब तक पूर्ण रूपेण पाशविक न बन जाने की वजह भी सिर्फ यही है कि तमाम राष्ट्रों के अच्छे-अच्छे लोग अनजाने में ही सही, इस धर्म को मानते और इसका पालन करते रहते हैं। अगर जनता इस धर्म को बुद्धिमानी से ग्रहण नहीं कर रही है तो इसकी वजह केवल यही है कि वैज्ञानिकों और धर्म गुरुओं की सहायता से उसको मायाजाल में फंसा रखा गया है।

इस सच्चे धर्म के सिद्धांत मनुष्यों के लिए इतने स्वाभाविक हैं कि जैसे ही वे लोगों के सामने रखे जाते हैं वैसे ही लोग उन्हें बिल्कुल परिचित और स्वयंसिद्ध सिद्धांत समझकर अपना लेते हैं। हमारे लिए ईसाई धर्म है; लेकिन यह उसी हद तक हमारे लिए सच्चा धर्म है जिस हद तक कि इसके और ब्राह्मण धर्म के बाह्य विधि विधान नहीं बल्कि मूलभूत सिद्धांत एक समान मिलते हैं। इसी प्रकार जो ब्राह्मण, कनफ्यूशियन इत्यादि धर्मों को मानने वाले हैं, उनके लिए भी वही धर्म सच्चा धर्म है जिसके आधारभूत सिद्धांत दूसरे तमाम धर्मों के आधारभूत सिद्धांतों से मेल खाते हों और संसार के समस्त धर्मों के यह आधारभूत सिद्धांत अत्यन्त सरल, बुद्धिगम्य और स्पष्ट हैं।

जिन सिद्धांतों का उल्लेख किया गया है वो कुव इस तरह हैं। सब पदार्थों का चर-अचर संसार का आदिकारण एक सर्वव्यापी परमात्मा है। हर व्यक्ति अंदर उस पूर्ण ब्रह्म ज्योति का एक अंश विद्यमान है। भले बुरे कार्यों द्वारा मनुष्य अपनी इस ईश्वरीय ज्योति के अंश को स्वयं बढ़ा या घटा सकता है। ईश्वरीय ज्योति के इस अंश का विकास करने के लिए मनुष्य को चाहिए कि वह अपनी वासनाओं का दमन करे और अपने अन्दर प्रेमभाव, अहिंसावृत्ति की वृद्धि करे। इस उद्देश्य को सिद्ध करने का व्यावहारिक तरीका यह है कि हम दूसरे लोगों के प्रति वैसा ईश्वरीय व्यवहार करें जैसा हमें दूसरे लोगों से अपने लिए चाहते हैं। ब्राह्मण धर्म, यहूदी धर्म, कनफ्यूशियन धर्म, मुस्लिम धर्म इत्यादि सभी धर्मों ये सिद्धांतो एक ही समान है। बौद्ध धर्म यद्यपि ईश्वर को नहीं मानता और उसने ईश्वर की कोई व्याख्या नहीं की है, तथापि वह एक ऐसे पदार्थ को अवश्य मानता है जिसके साथ मनुष्य का तादात्म्य संबंध है जिस में निर्वाण प्राप्ति के पश्चात मनुष्य विलीन हो जाता है। अतएव जिसके साथ व्यक्ति का तादात्मय संबंध है और मोक्ष प्राप्ति के पश्चात जिसमें व्यक्ति खो हो जाता है, वह वस्तुत: वही आदि कारण है जिसको यहूदी धर्म, ईसाई धर्म और मुस्लिम धर्म ने ईश्वर के नाम से संबोधित किया है।

वर्तमान में लोग अलौकिक अर्थात् अर्थशून्य तत्व को ही धर्म का मुख्य चिन्ह समझने के अभ्यस्त हैं, वे कहेंगे कि यह तो धर्म नहीं है। "इसे आप दर्शनशास्त्र, आचारशास्त्र, मीमांसाशास्त्र और इसी प्रकार के किसी दूसरे शास्त्र का नाम भले ही दे दें; लेकिन इसको आप किसी भी प्रकार से धर्म नहीं कह सकते।" इन लोगों के मत के अनुसार तो मूर्खतापूर्ण और समझ में न आने योग्य पदार्थ का नाम धर्म है। लेकिन सत्य यह है कि इन्हीं सिद्धांतों के द्वारा, अथवा यों कहिए कि इन सिद्धांतों के धर्म तत्वों के रूप में प्रचारित होने के फलस्वरूप और इनको विकृत बनाने की क्रिया के एक लम्बे काल तक जारी रहने के बाद उन तमाम अलौकिक और अद्भुत घटनाओं की कल्पना की गई जो कि आजकल हर धर्म का मूलभूत

लक्षण है। यह कथन कि अलौकिक और अविवेकपूर्ण बातें ही धर्म का सबसे मुख्य लक्षण है, ठीक वैसा ही है जैसा एक सड़े सेब को खाकर यह कहना कि कड़वाहट और पेट में खराबी पैदा करना ही सेब नामक फल के ख़ास लक्षण हैं।

धर्म ऐसा पदार्थ नहीं है। धर्म बताता है कि व्यक्ति और समस्त पदार्थों के मूल स्रोत परमात्मा का क्या संबंध है और मनुष्य जीवन का क्या उद्देश्य है जो कि उस संबंध के परिणामस्वरूप पैदा होता है। धर्म उस उद्देश्य के अनुसार ही व्यक्ति के लिए आचरण संबंधी नियम सुलभ करता है और जो सार्वभौम धर्म होता है और जिसके प्रारंभिक सिद्धांत दूसरे तमाम धर्मों के सिद्धांतों से मेल खाते हैं, उसमें धर्म की उपरोक्त सब बातों का समावेश हो जाता है। ऐसा धर्म मनुष्य और ईश्वर के बीच के पारस्परिक संबंध की व्याख्या करता है और यह बताता है कि मनुष्य सम्पूर्ण तत्व का एक अंश मात्र है। इस विधि से वह मनुष्य जीवन का उद्देश्य निश्चित करता है और यह उद्देश्य केवल इतना ही है कि मनुष्य अपने अन्दर विद्यमान ईश्वरीय अंश की वृद्धि करे। मनुष्य जीवन का यह उद्देश्य मनुष्य को व्यवहार संबंधी कुछ आदेश देता है जिसका सार यह है कि दूसरों के साथ तुम वैसा ही बर्ताव करो जैसा तुम अपने प्रति दूसरों से चाहते हो।

बहुत-से लोग इस बात में शंका किया करते हैं- और स्वयं मैंने भी एक बार ऐसी शंका की थी कि क्या इस प्रकार का नियम- अर्थात् 'आत्मन: प्रतिकूलानि परेषां न समाचरेत्'- मनुष्य जीवन का उसी तरह एक अनिवार्य व्यवहार नियम बने हुए हैं। लेकिन हमारी इस शंका का समाधान उस समय हो जाता है जब हम देखते हैं कि एक देहाती किसान किसी देव मंदिर से मिले हुए प्रसाद को अपवित्र स्थान में रखने की अपेक्षा मर जाना अधिक श्रेष्ठ समझता है; लेकिन वही किसान सत्ताधारियों का आदेश मिलने पर अपने भाइयों को कत्ल करने में ज़रा भी संकोच अनुभव नहीं करता।

'आत्मन: प्रतिकूलानि परेषां न समाचरेत्' इस नियम के परिणामस्वरूप कुछ आदेश बनते हैं। जैसे दूसरों की हत्या न करो, दूसरों की निन्दा न करो, व्यभिचार न करो, बदला न लो, अपनी इच्छाओं की पूर्ति के लिए दूसरों की आवश्यकताओं और कठिनाइयों का अनुचित लाभ न उठाओ आदि। क्यों न इन आदेशों का ठीक उसी प्रकार जोरों से प्रचार किया जाए और क्यों न इन और क्यों न उनको वैसा ही अनिवार्य और अनुल्लंघनीय करार दिया जाए जैसा कि धर्मशास्त्रों और मूर्तियों की पवित्रता में विश्वास रखना अनिवार्य और अनुल्लंघनीय माना जाता है? लोगों का यह विश्वास किसी स्पष्ट आतंरिक अनुभूति पर नहीं बल्कि सहज श्रद्धा पर ही आधारित होता है।

15

हमारे समय के अनुसार बहुत से लोग समान रूप से उपयुक्त सिद्ध होने वाले इस धर्म की सच्चाइयां इतनी सरल, इतनी बुद्धिगम्य और हर व्यक्ति के हृदय के इतनी करीब हैं कि मनुष्य जाति की वर्तमान संपूर्ण जीवन चर्या को बदलने के लिए माता-पिता, शासक और शिक्षक को सिर्फ एक ही बात करनी चाहिए और वो है बालकों और बालिगों के दिमाग में मूर्तियों, कुमारी माताओं, पाप-कर्मों से मोक्ष करने के कार्यों, देवी देवताओं, इन्द्रों और मुहम्मद साहब एवं भगवान् बुद्ध के स्वर्गलोक को चले जाने संबंधी वाहियात और गए गुजरे सिद्धांतों को जिनमें कि वे खुद बहुधा विश्वास नहीं करते उसे उनमें न ठूसें। इसके बजाए उन सरल और स्पष्ट सिद्धांतों (सत्यों) की शिक्षा दें जिनका आध्यात्मिक निचोड़ इस बात में है कि प्रत्येक मनुष्य के अन्दर ईश्वर का अंश विद्यमान है और जिनका व्यावहारिक नियम यह है कि हर व्यक्ति को अपना आचरण इस वाक्य के अनुसार रखना चाहिए- आत्मन: प्रतिकूलानि परेषां न समाचरेत्। मैं यहाँ दूसरे धर्मों का उल्लेख नहीं करता; लेकिन हमारे ईसाई समाज के बालकों के अन्दर आजकल इस प्रकार के भाव भरे जाते हैं और बालिग व्यक्तियों में उन्हें पुष्ट किया जाता है कि ईश्वर ने अपने पुत्र (ईसा मसीह) को इसलिए पृथ्वी पर भेजा कि लोग आदम के पाप से निर्वाण पा सकें; उसने अपने गिर्जे की स्थापना की, जिसके आदेशों का पालन करना हर व्यक्ति का धर्म है। इन विश्वासों से उत्पन्न नियमों का अनुसरण करना चाहिए अर्थात् ईश्वर की प्रार्थना, पूजा और अर्चना कब और कहाँ की जाए, अमुक प्रकार का भोजन कब न किया जाए और कौन से दिन कार्य न किया जाए यानी अवकास रखा जाए। लेकिन अगर इन बातों की शिक्षा देने कि बजाए सिर्फ यह बताया जाए और बाद में उसकी पुष्टि की जाए कि सब लोगों के अंदर ईश्वरीय शक्ति का अंश विद्यमान है और हम लोग अपनी जीवन चर्या और व्यवहार के द्वारा अपने अन्दर स्थित इस ईश्वरीय अंश की वृद्धि कर सकते हैं तो मनुष्य जाति का कितना उपकार हो सकता है। यदि उपरोक्त सत्य एवं उससे पैदा होने वाले मनुष्य जीवन संबंधी स्वाभाविक नियमों की लोगों को उसी प्रकार शिक्षा दी जाए जिस प्रकार आजकल अलौकिक घटनाओं के अर्थशून्य किस्से सुनाए जाते हैं और उन किस्सों के आधार पर निर्मित अर्थहीन विधि विधानों का पालन करने की शिक्षा दी जाती है, तो मनुष्य जाति के भीतर प्रचलित वर्तमान उद्देश्यहीन कलह और वैमनस्य निश्चय ही समाप्त हो सकते हैं और हम शीघ्र ही सम्पूर्ण मानव समाज को कूटनीति विशारदों, अंतर्राष्ट्रीय क़ानून, शांति परिषदों, अर्थशास्त्र के पंडितों और विभिन्न श्रेणियों के साम्यवादियों की सहायता के बिना ही एक सार्वभौम धर्म द्वारा परिचित होता हुआ और शांतिमय, संयुक्त और सुखी जीवन व्यतीत करता हुआ देख सकते हैं।

परन्तु इस प्रकार की कोई बात नहीं है। झूठे धर्म को मायाजाल को नष्ट करने और उसके स्थान पर सच्चे धर्म की शिक्षा देना तो दूर रहा, लोग दिन-प्रतिदिन सत्य से इतने दूर भागते जा रहे हैं कि उनके लिए सत्य को स्वीकार करना बिल्कुल असंभव होता जा रहा है। जो बात इतनी स्वाभाविक, आवश्यक और संभव है, उसको भी लोग नहीं कर रहे हैं। इसकी वजह हमको तो इसके अलावा और कुछ नज़र नहीं आती कि लम्बे समय तक धर्महीन जीवन व्यतीत करते रहने के कारण लोग हिंसा, संगीनों, गोलियों, जेलखानों और फाँसी की तख्तियों के द्वारा अपने अस्तित्व को स्थापित करने और कायम रखने के इतने अधिक आदि हो गए हैं कि वे मनुष्य समाज की आधुनिक व्यवस्था को न केवल स्वाभाविक, बल्कि एकमात्र संभव व्यवस्था मानने लगे हैं। जो लोग प्रचलित समाज व्यवस्था से लाभ उठा रहे हैं केवल उन्हीं की ऐसी धारणा नहीं हैं, प्रत्युत जो लोग इस अन्यायपूर्ण व्यवस्था और हिंसा द्वारा सार्वजनिक हितों की रक्षा करने की योजना का ही फल है कि लोगों को अपने कष्टों के कारणों को समझने में सबसे अधिक कठिनाई होती है और परिणामस्वरुप उत्तम समाज की व्यवस्था की स्थापना नहीं हो पाती। इसका परिणाम समाज के लिए अत्यन्त भयंकर और घातक सिद्ध हो रहे हैं। यदि बुरा और दुष्ट प्रकृति का डाक्टर किसी बीमार के पेट में विष पहुँचा दे तो बीमारी और ज्यादा बढ़ जाएगी और उसका उपचार असंभव हो जाएगा। ठीक यही दशा हमारे समाज की हो रही है।

जन सामान्य को गुलामी की बेड़ियों में जकड़ कर रखने वाले सत्ताधारी लोग अपने मन में सोचा करते हैं और कहते हैं कि हमारे मरने के बाद दुनिया डूब जाएगी।[6] सेना, धर्मगुरुओं, फ़ौज के सिपाहियों, पुलिस वालों की सहायता से संगीनों, गोलियों कैदखानों और फाँसी घरों का भय दिखाकर गुलाम जनता को बड़ी आसानी से विवश कर सकते हैं कि वह दासता और अज्ञान में जकड़ी रहे और शाशकों को शोषण करने से न रोके। शासक यही करते हैं और अपने इस कार्य को समाज में सुव्यवस्था कायम रखने का नाम देते हैं; लेकिन सच पुछा जाए तो उत्तम समाज व्यवस्था स्थापित करने का मार्ग में इससे बढ़कर बाधक और कुछ नहीं है। इस प्रकार उत्तम समाज व्यवस्था स्थापित होना तो दूर रहा, इससे विपरीत निर्दयता की ही स्थापना होती है।

सभी बातों के होते हुए भी लोगों में अब भी धार्मिक सिद्धांतों की कुछ मात्रा मौजूद है और अगर हमारे ईसाई राष्ट्रों की जनता के सामने समाज में सुव्यवस्था और सदाचार की

---

[6] श्रीमती पा-पेंदौर कहा करती थीं कि "After me (us) the deluge" अर्थात् मेरे मरने के बाद तो दुनिया में प्रलय हो जाएगा।

रक्षा का दम भरने वाले लोगों के द्वारा किए गए अपराधों के सतत उदाहरण- यानी युद्धों, फांसियों, कैदखानों, कर वसूली और शराब एवं अफीम की बिक्री आदि उदाहरण न होते तो वह इन अपराधों को अच्छे और स्वाभाविक काम समझकर कर रही है।

मनुष्य के जीवन का नियम ही कुछ इस तरह का है कि उसको सुधारने का केवल एक ही तरीका है। चाहे समाज के जीवन को सुधारने की इच्छा हो, चाहे व्यक्ति के जीवन को। पूर्णता प्राप्त करने की दृष्टि से हमारे जीवन का आतंरिक नैतिक विकास होना चाहिए। बाहरी दबाव- अर्थात् हिंसा द्वारा मनुष्यों के जीवन को सुधारने के सारे प्रयास लोगों के सामने बुराई का उदाहरण रखते हैं और बुराई के लिए अधिक कारगर प्रचारक साबित होते हैं। इसलिए इस तरह के प्रयास मनुष्य जीवन का सुधार नहीं करते। इसके विपरीत बुराई में उत्तरोत्तर वृद्धि करते हैं और मनुष्य को अपने जीवन सुधार के एकमात्र वास्तविक मार्ग से अधिकाधिक दूर ले जाते हैं।

व्यवस्था और सदाचार के रक्षकों द्वारा क़ानून के नाम पर हिंसा और अपराधों की मात्रा जैसे-जैसे अधिकाधिक और निर्दयतापूर्वक बढ़ती जाएगी और जैसे-जैसे धर्म के नाम पर फैले हुए झूठे मायाजाल के द्वारा उसका समर्थन होता रहेगा, वैसे-वैसे लोगों की सेवा करना और उनसे प्रेम रखना मनुष्य जीवन का नियम नहीं है, बल्कि मनुष्य जीवन का नियम तो यह है कि वे परस्पर एक-दूसरे से झगड़ते रहें। जैसे-जैसे उनका यह विचार दृढ़ होता है लोगों को पशुओं की श्रेणी में गिराता जाता है, वैसे-वैसे उनके लिए अपने ऊपर फैले हुए मायाजाल को अलग-थलग करने और अपने जीवन के आधारस्वरूप हमारे ज़माने के सच्चे धर्म को, जो सारी मनुष्य जाति के लिए एक जैसा है- स्वीकार करने का काम अधिकाधिक मुश्किल होता जाएगा।

चारों तरह एक भयंकर इंद्रजाल फैला हुआ है। धर्म के अभाव ने हमारे जीवन को पाशविक बना दिया है, जिसका आधार ही हिंसा है। हिंसा पर आधार रखने वाले पाशविक जीवन ने हमारे लिए इस इंद्रजाल से निर्वाण पाना और सच्चे धर्म को ग्रहण करना अधिक से अधिक असंभव बना दिया है और इसलिए मनुष्य उन कार्यों को नहीं करते जो इस युग में अत्यन्त स्वाभाविक, संभव और अनावश्यक हैं- अर्थात् धर्म के मायाजाल और नकलीपन को नष्ट नहीं करते और न सच्चे धर्म को ग्रहण करके उसका प्रसार ही करते हैं।

16

क्या इन लुभावने इंद्रजाल से स्वतंत्र होने का कोई रास्ता संभव है ? यदि है तो वह कौन सा रास्ता है ?

ऊपरी तौर पर देखने पर तो ऐसा लगता है कि जिन सरकारों ने सार्वजनिक हित की दृष्टि से सामान्य जन के जीवन का पथ प्रदर्शन करना अपना कर्त्तव्य समझ रखा है, वही हमको इस इंद्रजाल से छुड़ा देंगी। जिन लोगों ने हिंसा पर निर्भर समाज व्यवस्था को बदलने और उसके स्थान पर पारस्परिक सेवा और प्रेम पर आश्रित न्यायोचित समाज व्यवस्था स्थापित करने का प्रयत्न किया है, उनकी हमेशा यही धारणा रही है। ईसाई समाज सुधारकों और यूरोप के अलग-अलग साम्यवादी सिद्धांतों के प्रवर्तकों ने भी जनता के कष्टों का अन्त करने का सरकारों को एकमात्र निमित्त समझा था। सुप्रसिद्ध चीनी समाज सुधारक श्री. मोतें का भी यही मत था। उन्होंने लोक कल्याण की भावना से प्रेरित होकर चीन की सरकार से यह अनुरोध किया था कि वह विद्यालयों में शिक्षा प्राप्त करने वाले छात्रों को फ़ौजी कवायद और तत्संबंधी विज्ञान की शिक्षा देना बंद कर दे और सैनिक पराक्रम प्रदर्शित करने वाले किसी बालिग व्यक्ति को पारितोषिक, सम्मान एवं उपाधियां न दे; प्रत्युत, इसके स्थान पर बालक और वयस्क सभी को आपस में एक-दूसरे से प्रेम रखने और एक-दूसरे का आदर पाने की शिक्षा दें और जो लोग दूसरों के प्रति अद्भुत प्रेम दिखाएं, उन्हें प्रोत्साहन और पारितोषिक दें। किसानों में सुधार कार्य करने वाले धर्म परायण व्यक्तियों की भी यही सम्मति थी और है। इनमें से बहुत से लोगों को मैं जानता था और अब भी जानता हूं। एक बूढ़े व्यक्ति ने रूस के सम्राट की सेवा में पाँच बार इस आशय का आवेदन पत्र भेजा था कि शाही फरमान द्वारा झूठे धर्म का मूलोच्छेद कर दिया जाए और उसके स्थान पर सच्चे ईसाई धर्म के प्रचार का आदेश दिया जाए।

सामान्यत: लोग यह बात जानते हैं और वे सोचते हैं कि जनता के हित के लिए सरकारें सिर्फ उन्हीं साधनों का प्रयोग करना चाहती हैं जिनसे जनता को कोई नुकसान न पहुंचे और जिनके द्वारा अधिक से अधिक अच्छा परिणाम निकल सके; क्योंकि सरकारें लोगों के हितों के रक्षा के नाम पर ही अपने अस्तित्व का समर्थन करती हैं। किन्तु सरकारों ने कभी भी इसे अपना कर्त्तव्य नहीं समझा। बल्कि, इसके विपरीत, उन्होंने सर्वत्र और सर्वदा अपने युग में प्रचलित झूठे और सत्त्वहीन धर्म की अत्यन्त आसक्तिपूर्वक रक्षा करने का प्रयास किया है और जिन लोगों ने जनता को सच्चे धर्म के सिद्धांतों से अवगत कराने का प्रयास किया है उनका हर प्रकार से दमन किया है। वस्तुत: इसके अतिरिक्त और कुछ हो भी नहीं सकता था; क्योंकि सरकारें प्रचलित धर्मों के पाखण्ड का भाण्डा फोड़ कर और जनता को धर्म की शिक्षा देकर अपने ही हाथों-पांवों पर कुल्हाड़ी कैसे मारती? यह तो उसी तरह की बात हो जाती है कि जैसा कि आदमी पेड़ की उसी डाली को खुद अपने हाथों काटने की कोशिश करे जिस पर वह स्वयं बैठा हो।

सरकारें यदि इन कार्यों को नहीं करतीं तो यह निश्चित है कि जिन विद्वानों ने झूठे धर्म के मायाजाल से अपने आपको स्वतंत्र कर लिया है और जो यह कहते हैं कि वे सामान्य जन की सेवा करने के इच्छुक हैं, क्योंकि जनता के परिश्रम के बदौलत उन्होंने शिक्षा प्राप्त की है और उनका पालन-पोषण हुआ है, वे अवश्य ही इस कार्य को करेंगे। पर ये लोग भी सरकारों की तरह इस संबंध में बिल्कुल अकर्मण्य बने हुए हैं। इसकी पहली वजह यह है कि सरकारें जिस पाखण्ड की रक्षा करती रहती हैं, उस पाखण्ड का भाण्डा फोड़ करके ये लोग सत्ताधारियों की नाराज़गी मोल लेने और परिणामत: कष्टों और आपदाओं को सहन करने की जोखिम उठाने को तैयार नहीं हैं। वे सोचते हैं कि वह पाखण्ड स्वयं ख़त्म हो जाएगा। दूसरी वजह यह है कि लोग सभी धर्मों को दुर्बलतापूर्वक भूल समझते हैं और इसलिए जिस मायाजाल का नाश करने की इन लोगों से आशा की जाती है, उस मायाजाल के बदले दूसरी कोई चीज़ इनके पास जनता को देने के लिए नहीं है।

वह महान अशिक्षित जन समुदाय जो मन्दिरों और मठों के ऐन्द्रजालिक प्रभाव में है और साथ ही सरकारों के दम्भ का भी शिकार है। यह विशाल जन समाज उस नकली धर्म को ही, जिसको इसने ग्रहण कर रखा है, एकमात्र सच्चा धर्म मानता है और उसका ख़याल है कि इसके सिवाय न तो कोई दूसरा धर्म है और न हो सकता है। यह बहुसंख्यक जन समाज अत्यन्त विकट और सतत मायाजाल में फंसा हुआ है। पीढ़ी दर पीढ़ी ये लोग उसी अज्ञानाच्छन्न अवस्था में जन्म धारण करते, जीवन व्यतीत करते और मर जाते हैं, जिसमें धर्म गुरुओं और सरकारों द्वारा यहीं रहने के लिए मजबूर किया जाता है और अगर ये लोग इस ऐन्द्रजालिक प्रभाव से अपने आप को मुक्त कर भी लें तो इनके अंदर अज्ञान की मात्रा इतनी अधिक है कि वे फौरन उन वैज्ञानिकों के चंगुल में फंस जाते हैं जो किसी भी धर्म को नहीं मानते, इन वैज्ञानिकों का प्रभाव धर्म गुरुओं के प्रभाव की भाँति ही निरर्थक और हानिकर सिद्ध होता है।

इसी तरह अधर्म का खण्डन और सद्धर्म का प्रचार जहाँ कुछ लोगों के लिए लाभदायक नहीं, वहाँ दूसरे लोगों के लिए एक असंभव कार्य है।

17

ऐसा लगता है कि जैसे इस दल में से बच निकलने का कोई रास्ता ही नहीं है।

वास्तव में यह बात सत्य है कि अधार्मिक लोगों के लिए इस विकट परिस्थिति में से निकलने का न तो कोई रास्ता है और न हो ही सकता है। समाज के उच्च वर्ग और शासक समुदाय के लोग सामान्य जन के कल्याण हेतु चिंता क्यों न प्रकट करें वे कभी भी

गंभीरतापूर्वक जनता की अज्ञानपूर्वक और पराधीन अवस्था दूर करने का प्रयास नहीं करेंगें; क्योंकि उस स्थिति में ही उच्च श्रग के लोग जनता पर शासन करते रह सकते हैं। उनका उद्देश्य सांसारिक होता है, इसलिए वे ऐसा नहीं कर सकते हैं। इसी प्रकार गुलामी की बेड़ियों से जकड़ी हुई सर्वसाधारण जनता भी, जिसका उद्देश्य साधारणत: अपनी सांसारिक वासनाओं की पूर्ति करना ही होता है, झूठी धार्मिक शिक्षा का भेद खोलते हुए उसके स्थान पर सच्चे धर्म के उपदेशों का प्रचार करके सत्ताधारियों के खिलाफ लड़ाई छेड़कर अपनी विषम परिस्थिति को और अधिक विषम बनाना नहीं चाहती। इन दोनों श्रेणियों के लोगों में ऐसा कार्य करने की कोई प्रेरणा विद्यमान नहीं है; और अगर ये लोग समझदार और दूरदर्शी हैं तो करने का प्रयास नहीं करेंगे।

लेकिन धर्म परायण लोगों की बात बिल्कुल जुदा है। चाहे समाज कितना ही पतित, भ्रष्ट और दूषित क्यों न हो जाए, फिर भी समाज में ऐसे लोग ढूंढने पर अवश्य ही मिल जाते हैं जो धर्म की पवित्र ज्योति को अपने अच्छे चरित्र और अच्छे व्यवहार से जीवन को हमेशा जगमगाए रखते हैं। इस पवित्र धार्मिक ज्योति के अभाव में मनुष्य जीवन कभी कायम नहीं रह सकता। हाँ, यह बात सच है कि मनुष्य जाति के इतिहास में ऐसे अवसर आया करते हैं (और वर्तमान युग भी इसी प्रकार का एक अवसर है) ऐसे लोग एक कोने में पड़े रहते हैं, उनकी कोई नहीं पूछता है; उनका अपमान किया जाता है, उनको अनेक प्रकार की यंत्रणा पहुंचाई जाती हैं; निर्वासित किया जाता है, जेलों में डाला जाता है; लेकिन फिर भी वे जीवित रहते हैं और उन्हीं की तपस्या और बलिदान पर मनुष्य जाति का बौद्धिक जीवन निर्भर करता है। इन लोगों की संख्या कितनी ही कम क्यों न हो, किन्तु यही वो लोग हैं जो मनुष्यों को दासता पाश में जकड़े रखने वाले इस भयानक इंद्रजाल को नष्ट कर सकते हैं; क्योंकि एक सांसारिक मनुष्य को प्रचलित समाज व्यवस्था का विरोध करने में जिन असुविधाओं और ख़तरों का सामना करना पड़ता है, वे धार्मिक व्यक्तियों के मार्ग को नहीं रोक सकते, उलटे वे असत्य का विरोध करने के लिए और भी अत्साह दिलाते हैं और जिसको वे ईश्वरीय सत्य समझते हैं, उसको शब्द और कार्य द्वारा प्रकट करने की प्रेरणा देते हैं। ऐसे धार्मिक व्यक्तियदि शासक वर्गों में हुए तो वे अपनी सुविधाजनक स्थिति का ख़याल करके सत्य पर पर्दा नहीं डालेंगे, बल्कि ऐसी सुविधाओं को घृणा की नज़र से देखेंगे और उनसे छुटकारा पाने में और सत्य का प्रचार करने में अपनी सारी शक्ति खर्च कर देंगे। उनके आगे जीवन में एक ही उद्देश्य होता है और वह है ईश्वर की सेवा। यदि ऐसे व्यक्तिपराधीन वर्गों में हुए तो वे अपनी श्रेणी के अन्य लोगों की भाँति अपनी सांसारिक दशा सुधारने की चिंता न करेंगे। पाखण्ड का भण्डा-फोड़ करना और सत्य का प्रचार करना और

इस परमात्मा की इच्छा पूर्ती करना ही उनका लक्ष्य होगा। जीवन में जिस लक्ष्य को उन्होंने अपनाया होगा, उससे वे हरगिज़ विरत न होंगे, चाहे उन्हें कितना ही कष्ट सहन क्यों न करता पड़े। ऐसे धर्म परायण लोगों का आचरण उतना ही स्वाभाविक होगा जितना कि सांसारिक मनुष्य का होता है जो धन कमाने के लिए परिश्रम करता है, फिर हर प्रकार के कष्ट उठाता है, अथवा कुछ प्राप्ति की आशा में किसी राजा की ख़ुशामद करता है। प्रत्येक धर्म परायण व्यक्ति का आचरण इसी प्रकार का होता है वह फिर दूसरे विषयासक्त स्त्री-व्यक्तियों की तरह सांसारिक और धर्महीन जीवन बिताना छोड़ देता है। वह तो ऐसा शाश्वत और अनन्त जीवन बिताने लगता है जिसमें भौतिक कष्टों और मृत्यु आदि का कोई महत्त्व नहीं होता। ये कष्ट उसके लिए वैसे ही महत्वहीन होते हैं जैसे कि हाथ की फुंसी अथवा हल चलाते समय किसान के अंगों की थकावट।

दरअसल ये वो लोग हैं जो सामान्य जन के चारों ओर फैले हुए इंद्रजाल को ख़त्म कर देंगे। ये लोग संख्या में कितने ही थोड़े क्यों न हों, इनका सामाजिक दर्जा कितना ही निम्न क्यों न हो, इनकी शिक्षा और योग्यता अल्प ही क्यों न हो, सम्पूर्ण संसार में ये उतने ही निश्चय के साथ आग लगा देंगे जिस निश्चय के साथ आग सूखी घास को जला डालती है। ये लोग उन सभी व्यक्तियों के हृदयों को सत्य और धर्म की ज्योति से पुन: आलोकित कर देंगे जिनके हृदय धर्म के दीर्घकालीन अभाव के कारण कुम्हला गए हैं और जो नवजीवन के लिए उत्कंठित हैं।

एक विशिष्ट अवसर पर घटित होने वाली किसी अलौकिक घटना में सदा विश्वास करते रहने का नाम धर्म बिल्कुल नहीं है। न कहीं ख़ास तरह की प्रार्थना और रीति-रिवाजों को मानने की आवश्यकता में विश्वास रखना ही धर्म है। इसके अतिरिक्त धर्म वह पदार्थ भी नहीं है जिसके लिए वैज्ञानिक लोग अक्सर कहा करते हैं कि यह प्राचीन काल के अज्ञान और अंधविश्वासों का अवशिष्ट चिन्ह है और इसलिए अर्वाचीन युग में मनुष्य जीवन के लिए इसका कोई उपयोग या प्रयोजन नहीं है। बल्कि धर्म शाश्वत जीवन और परमात्मा के प्रति बांधा गया एक संबंध बुद्धि और आधुनिक ज्ञान सामग्री के बिल्कुल अनुकूल है और यही एक जैसा पदार्थ है जो मनुष्य जाति को अपने निश्चित ध्येय की ओर निरंतर अग्रसर करता रहता है।

एक बहुत ही प्रसिद्ध लोकोक्ति यहूदियों में प्रचलित है- "मनुष्य की आत्मा परमात्मा का दीपक है।" जब तक मनुष्य के अन्दर ईश्वर की ज्योति प्रकाशित नहीं होती, तब तक वह केवल एक दुर्बल और दयनीय प्राणी होता है। लेकिन जब यह ज्योति जगमगाने लगती है (और वह केवल धर्म से आलोकित आत्माओं के अन्दर ही जगमगाती है), तब मनुष्य संसार

में सबसे शक्तिशाली प्राणी बन जाता है। इसके सिवाय कोई अन्य बात नहीं हो सकती, क्योंकि उसके अन्दर जो शक्ति कार्य करने लगती है, वह उसकी निज की शक्ति नहीं, बल्कि परमात्मा की शक्ती होती है।

बस, यही सब कुछ धर्म है और इसी में धर्म का तत्व समाया हुआ है।

●●●

(2)
धर्म संबंधित तर्क

वो लोग जो विशेष बौद्धिक योग्यता नहीं रखते, क्या उन लोगों को आन्तरिक जीवन संबंधी अपने अनुभव जनित सत्यों को शब्दों द्वारा प्रकट करना चाहिए?

अपने आतंरिक जीवन के बारे में पूर्ण और स्पष्ट ज्ञान को प्राप्त करने का प्रयास क्या सार्थक हो सकता है?

हम संघर्ष और शंका के समय पर यह कैसे पता करें कि जो कुछ भी हम को ज्ञात हो रहा है वह अन्तः करण की आवाज है अथवा हमारी अपूर्णताओं द्वारा भ्रष्ट हुई बुद्धि की आवाज है?

मेरे अपने विचार से इन तीनों प्रश्नों का सार दूसरे प्रश्न में आ जाता है, इसका कारण यह है कि यदि हम अपने आतंरिक जीवन के बारे में पूर्ण और स्पष्ट ज्ञान प्राप्त करने की कोशिश नहीं करेंगे तो हम अपने अनुभव जनित सत्यों को शब्दों द्वारा प्रकट नहीं कर पाएंगे और शंका पैदा हो जाने पर हमारे पास अन्तः करण और भ्रमपूर्ण बुद्धि में भेद करने का कोई साधन नहीं होगा। लेकिन यदि हम अपनी मानसिक शक्तियों का पूरा प्रयोग करके (चाहे वे अल्प हो या महान) अधिक से अधिक स्पष्ट ज्ञान प्राप्त करना उचित समझेंगे तो हम अपने अनुभव जनित सत्यों को शब्दों द्वारा प्रकट कर सकेंगे और उन सत्यों के द्वारा, जो अधिक से अधिक स्पष्ट और शब्दों द्वारा प्रकट हो चुके होंगे हम संघर्ष और शंका के समय अपना मार्ग तय कर सकेंगे। इसलिए मूल प्रश्न का उत्तर मैं 'हाँ' में देता हूं। अर्थात् प्रत्येक मनुष्य को उस उद्देश्य की पूर्ति के लिए, जिसके लिए कि वह इस संसार में आए हैं और वास्तविक कल्याण की प्राप्ति के लिए (दोनों समान हैं) अपने आधारभूत धार्मिक तत्वों को पता करने के लिए अपनी सम्पूर्ण बौद्धिक शक्ति खर्च कर देनी चाहिए। दूसरे शब्दों में उसे जीवन का लक्ष्य स्पष्ट कर लेना चाहिए।

यदि हम नहरें आदि खोदने का काम करने वाले अनपढ़ मजदूरों में, जिनको घन और फुट के हिसाब से मजदूरी दी जाती है, मैंने अक्सर यह धारणा प्रचलित पाई है कि गणित के हिसाब भ्रमित करने वाले होते हैं और उन पर विश्वास नहीं करना चाहिए। इसके बहुत से कारण हो सकते हैं जैसे मजदूर गणित नहीं जानते हों या जो लोग उनके काम का हिसाब

लगाते हैं, वे जान बूझ कर या अनजाने में उनको धोखा देते हों। वजह कुछ भी हो, परिस्थिति यही है कि इन अनपढ़ मजदूरों में परिणाम का अंदाजा लगाने के लिए गणित की उपयोगिता के बारे में अविश्वास घर कर गया और उनमें से ज़्यादातर इस अविश्वास को बिना किसी समस्या के सत्य समझ बैठे हैं जिसे सिद्ध करने की भी वो आवश्यकता नहीं समझते। इसी प्रकार की धारणा उन लोगों में भी घर कर गई है जिनको मैं बिना किसी भय के अधार्मिक कह सकता हूं। इन लोगों का ख़याल है कि बुद्धि द्वारा धार्मिक समस्याओं का हल नहीं किया जा सकता; उनको हल करने के लिए जो बुद्धि का प्रयोग किया जाता है वही भ्रांतियों का मुख्य कारण है और धार्मिक समस्याओं को बुद्धि द्वारा हल करना मिथ्या अभिमान का घोतक है।

इस बात का ज़िक्र मैंने इसलिए किया है कि अभी तक जिन की हमने चर्चा की है उन प्रश्नों में यह शंका प्रकट की गई है कि मनुष्य को पूर्ण और स्पष्ट जानकारी प्राप्त करने की कोशिश करनी चाहिए या नहीं, वह इसी विचार के आधार पर उत्पन्न हो सकती है कि धार्मिक समस्याओं को हल करने के लिए बुद्धि का प्रयोग नहीं किया जा सकता। यह विचार उतना ही मिथ्या और गलत है जितना कि यह विचार कि हिसाब के द्वारा गणित के प्रश्नों को हल नहीं किया जा सकता।

परमात्मा से मनुष्य को एक ही साधन मिला है जिसके द्वारा वह अपने आपको और इस संसार के प्रति अपने संबंध को जान सकता है।यह साधन कुछ और नहीं, सिर्फ बुद्धि है। लेकिन अचानक उसे यह कहा जाता है कि अपने घर, परिवार, व्यवसाय, राजनीति, विज्ञान अथवा कला संबंधी समस्याओं पर प्रकाश डालने के लिए तो वह बुद्धि का प्रयोग कर सकता है; लेकिन उस कार्य के लिए वह बुद्धि का प्रयोग नहीं कर सकता जिस कार्य के लिए उसे बुद्धि प्रदान की गई है। दूसरे शब्दों में जिन अत्यन्त महत्त्वपूर्ण सत्यों पर मनुष्य का समस्त जीवन निर्भर करता है, उन पर प्रकाश डालने के लिए मनुष्य किसी भी दशा में बुद्धि का उपयोग न करे, बल्कि उन सत्यों को अपनी बुद्धि से अलग स्वीकार करे, हालांकि अपनी बुद्धि से अलग वह कुछ नहीं जान सकता। लोग कहते हैं: “स्फूर्ति द्वारा, श्रद्धा द्वारा सत्यों को पहचानों!” किन्तु सत्य यह है कि मनुष्य बुद्धि के मदद के बिना किसी बात को मान भी नहीं सकता। यदि मनुष्य एक बात को मानता है और दूसरी को नहीं तो वह ऐसा सिर्फ इसीलिए करता है क्योंकि उसकी बुद्धि उसे ऐसा कहती है कि उसको अमुक बात माननी चाहिए और नहीं भी। मनुष्य को बुद्धि का उपयोग नहीं करना चाहिए यह कहना ठीक वैसा ही है जैसे कोई व्यक्ति अंधेरी सुरंग में दीपक लिए जा रहा हो, और उसे यह कहा जाए कि रास्ता ढूंढने के लिए दीपक को बुझा दो और उसे बतलाया जाए कि रास्ते को ढूंढने के लिए उसको रोशनी की नहीं किसी वस्तु की आवश्यकता है।

हो सकता है कि यह कहा जाएगा कि सभी मनुष्य महान बौद्धिक शक्तियों के स्वामी नहीं होते और ख़ासकर अपने विचारों को प्रकट करने की क्षमता नहीं रखते और इसलिए वे धर्म के संबंध में आगने विचारों को सही ढंग से प्रस्तुत नहीं करने में गलती कर सकते है। मैं बाइबिल के शब्दों में इसका यह उत्तर दूंगा कि विवेकवान जिस बात को नहीं जानते, वह बात शिशुओं को ज्ञात होती है। यह कहावत अतिशयोक्ति नहीं है (बाइबिल के जो कथन हमको पसंद नहीं आते उनके बारे में हम ऐसे ही विचार रखने के आदी हो गए हैं) बल्कि अत्यन्त सरल और निर्विवाद सत्य है। दूसरे शब्दों में इस संसार के प्रत्येक प्राणी के लिए एक क़ानून बना दिया गया है जिसका उसे पालन करना चाहिए; और इस क़ानून को जानने के लिए प्रत्येक प्राणी को योग्य इन्द्रियां दी गई हैं और इसीलिए प्रत्येक मनुष्य को बुद्धि प्रदान की गई है और उस बुद्धि के द्वारा ही मनुष्य को उस क़ानून का ज्ञान होता है जिसका उसे पालन करना चाहिए। इस क़ानून का केवल उन्हीं लोगों को पता नहीं चलता जो उस पर ध्यान नहीं देना चाहते और जो क़ानून की अवहेलना करने के लिए बुद्धि को ख़त्म कर देते हैं और सत्य का पता लगाने के लिए जो बुद्धि उन्हें मिली होती है, उसका प्रयोग करने के बजाए श्रद्धापूर्वक उन लोगों का पथ प्रदर्शन स्वीकार कर लेते हैं जो बुद्धि का त्याग कर चुके होते हैं।

जिस क़ानून व्यक्ति को धयान देना चाहिए, वह इतना सरल है कि उसे कोई बच्चा भी समझ सकता है। विशेषरूप से इसलिए कि मनुष्य को अपने जीवन के इस क़ानून की कोई नई खोज करनी नहीं पड़ती। हमारे पूर्वज उसकी खोज कर चुके हैं और उसको व्यक्त भी कर चुके हैं। जो विचार परम्पराओं में व्यक्त हैं, व्यक्ति को उन्हें अपनी बुद्धि की कसौटी पर परख लेना चाहिए और अपनी बुद्धि के अनुसार स्वीकार या अस्वीकार कर देना चाहिए। लेकिन जो लोग उस क़ानून का पालन नहीं करना चाहते, उन्हें किसी भी सलाह पर नहीं चलना चाहिए, परम्परा के ख़याल से उसे अपनी बुद्धि की गति को नहीं रोकना चाहिए, बल्कि इसके विपरीत परम्परा पर बुद्धि का अंकुश रखना चाहिए। मनुष्य ही परम्परा का निर्माण करता है और परम्परा गलत भी हो सकती है; किन्तु बुद्धि निश्चय ही परमात्मा की देन है और वह गलत नहीं हो सकती। इसलिए सत्य को जानने और प्रकट करने के लिए ख़ास महान योग्यता की आवश्यकता नहीं होती, हमको केवल यह मान लेना चाहिए कि सत्य को प्राप्त करने के लिए, मनुष्य के पास बुद्धि न केवल सर्वश्रेष्ठ दैवी गुण है, बल्कि एकमात्र अस्त्र है।

इसका प्रयोग सत्य को जानने और परखने के लिए नहीं, बल्कि इसलिए क्योंकि असत्य का आविष्कार करने और उसको प्रकट करने के लिए विशेष योग्यता और बौद्धिक प्रतिभा की आवश्यकता होती है। एक बार जब लोग बुद्धि के पथ प्रदर्शन को छोड़ देते हैं

और उस पर विश्वास करने के बजाए दूसरे लोगों द्वारा प्रतिपादित सत्य को सहज भाव से स्वीकार कर लेते हैं तो वे आमतौर पर नियमों, ईश्वरीय मन्तव्यों और धार्मिक विधानों की आढ़ में ऐसे जटिल, अस्वाभाविक और परम्परा असंगत मन्तव्यों का पहाड़ खड़ा कर लेते हैं और उन्हें तत्परतापूर्वक स्वीकार कर लेते हैं कि इन मन्तव्यों को प्रकट करने और सत्य के साथ उनका मेल बिठाने के लिए वस्तुत: भारी बौद्धिक सूक्ष्मता और असाधारण प्रतिभा की आवश्यकता होती है। आप कल्पना कीजिए कि आपने आज की दुनिया में जन्म लिया है और आपको प्रचलित धार्मिक सम्प्रदायों के धार्मिक विश्वासों की शिक्षा दी गई है। अब यदि आप उन धार्मिक सिद्धांतों पर प्रकाश डालने का प्रयत्न करें जो आपको बचपन में सिखाए गए थे और उनका वास्तविक जीवन के साथ मेल बिठाने लगें तो आपको अपने सम्प्रदाय की विरोधी बातों में सामंजस्य लाने के लिए कितना भारी बौद्धिक श्रम करना पडेगा; अर्थात् यह है कि जो ईश्वर सृष्टिकर्ता और दयालु है, वही बुराई को जन्म देता है, लोगों को नर्क में भेजता है और गुनाहों से मुक्ति प्रदान करने के लिए भेंट और पूजा चाहता है। हम खुद प्रेम और क्षमा के क़ानून को मानते हैं, फिर भी हम लोगों को फाँसी चढ़ाते हैं, युद्ध करते हैं और गरीबों के परिश्रम का फल छीन लेते हैं।

ऐसी अबुझ पहेली से मुक्ति पाने के लिए अथवा उस पर पर्दा डालने के लिए महान योग्यता और विशेष बौद्धिक प्रतिभा की आवश्यकता होती है; किन्तु अपने जीवन के नियम को जानने अथवा अपने विश्वास के बारे में पूर्ण और स्पष्ट जानकारी प्राप्त करने के लिए ख़ास बौद्धिक योग्यता की आवश्यकता नहीं; हमको सिर्फ इतनी सी सावधानी रखनी चाहिए कि हम बुद्धि के विपरीत कुछ स्वीकार न करें, अपनी बुद्धि को इनकार न करें, धार्मिकता के साथ बुद्धि की रक्षा करें और केवल उसी में श्रद्धा रखें। यदि किसी मनुष्य को अपने जीवन का उद्देश्य अन्धकारमय प्रतीत होता है तो इससे यह सिद्ध नहीं होता कि उसकी बुद्धि उस उद्देश्य पर प्रकाश डालने में असमर्थ है; इससे सिर्फ यह पता चलता है कि उसने अनेक ऐसी बुद्धि संगत बातों को स्वीकार कर लिया है; अत: जिन बातों को बुद्धि की कसौटी पर नहीं कसा गया हो, उन्हें दूर हटा देना चाहिए।

मनुष्य को अपने आतंरिक जीवन की स्पष्ट जानकारी प्राप्त करने की कोशिश करनी चाहिए या नहीं- इस मुख्य प्रश्न का मैं यह उत्तर देता हूं कि यही सबसे आवश्यक और महत्त्वपूर्ण बात है जो हमको अपने जीवन में करनी चाहिए। यह इसलिए आवश्यक और महत्त्वपूर्ण है कि मनुष्य जीवन का एकमात्र युक्तियुक्त उद्देश्य परमात्मा की इच्छा की पूर्ति करना है, जिसने हमको इस विश्व में भेजा है। किन्तु परमात्मा की इच्छा किसी असाधारण दैवी चमत्कार, देवता की लेखनी, निर्भ्रान्त धर्मग्रंथ अथवा निर्भ्रान्त संत या संतों द्वारा नहीं मालूम की जा सकती, बल्कि सब मनुष्यों द्वारा बुद्धि का उपयोग करने से ही इन बातों को

जाना जा सकता है। वे शब्दों और कार्यों द्वारा सत्य की अनुभूति को एक-दूसरे पर प्रकट करते रहते हैं और यह अनुभूति उनके आगे अधिकाधिक प्रकाशित होती रहती है। यह ज्ञान न तो कभी पूर्ण हुआ है और न आगे होगा, ऐकिन जैसे-जैसे मानव जाति प्रगति करेगा, वैसे-वैसे उसमें वृद्धि होगी। जितना ही अधिक हम जीवित रहते हैं, उतना ही हम परमात्मा की इच्छा को जान पाते हैं और परिणामस्वरुप यह भी जान पाते हैं कि हमें उसे पूरा करने के लिए क्या करना चाहिए। इसलिए मेरे विचार से उन सब सत्यों को जो मनुष्य के लिए सुलभ है, समझना और उनको शब्दों द्वारा प्रकट करना (शब्दों द्वारा किसी बात को प्रकट करना विचारों की सम्पूर्ण स्पष्टता का घोतक होता है) प्रत्येक मनुष्य का, चाहे वह अपने अथवा दूसरों के नजदीक कितना ही छोटा क्यों न प्रतीत होता हो- छोटे ही बड़े होते हैं- यह एक आवश्यक और बहुत ही शुद्ध काम है।

•••

(3)
धर्म और नैतिकता[7]

(1) धर्म शब्द से आपका क्या तात्पर्य है ?

(2) धर्म का आप जो अर्थ करते हैं, उससे अलग क्या कोई नैतिकता हो सकती है ?

मैं इन दोनों प्रश्नों का यथाशक्ति उत्तर देने का प्रयास करूँगा।

धर्म एक ऐसा शब्द है जिसकी आमतौर पर तीन अलग-अलग परिभाषाएं की जाती हैं।

यदि हम पहली परिभाषा का ज़िक्र करें तो धर्म परमात्मा की ओर से मनुष्य को एक ख़ास और सच्चा मार्गदर्शन प्रदान करता है। जो लोग प्रचलित धर्मों में से किसी धर्म को मानते हैं और जो फलस्वरूप अपने धर्म को ही एक सच्चा धर्म समझते हैं, वे धर्म का यही अर्थ करते हैं।

इसके बाद दूसरी परिभाषा यह है कि कुछ अंधविश्वास जनित मान्यताओं और उन मान्यताओं के अनुसार अन्धविश्वास पूजा पाठों के संग्रह का नाम धर्म है। जो आमतौर पर धर्म में श्रद्धा नहीं रखते अथवा उस धर्म में श्रद्धा नहीं रखते जिसकी वे व्यवस्था करते हैं, उनकी धर्म की यही परिभाषा होती है।

तीसरी परिभाषा यह है कि धर्म कुछ ऐसे विधि विधानों के संग्रह का नाम है जिनकी विवेकवान व्यक्तियों ने खोज की है। इनकी आम लोगों को संतोष देने और उनके विकारों को संयम में रखने के लिए आवश्यकता होती है। इन्हीं के बल पर सामान्य जन को वश में रखा जा सकता है। धर्म की ये परिभाषा वे लोग करते हैं, जिन्हें धर्म के रूप में उतनी चिन्ता नहीं होती, बल्कि जो धर्म को शासन तंत्र के हाथों में एक उपयोगी अस्त्र समझते हैं।

यदि हम पहली परिभाषा के अनुसार देखें तो धर्म एक अचूक और निश्चित सत्य है, जिसका मानव हित के लिए सभी संभव उपायों द्वारा प्रचार किया जाना वांछनीय ही नहीं, ज़रूरी भी है।

---

[7] जर्मनी की एक नैतिकता प्रसारक संस्था के प्रश्नों का म. टाल्स्टाय द्वारा दिया गया जवाब।

दूसरी परिभाषा के अनुसार धर्म अंधविश्वासों का एक संग्रह है जिससे मानव हित के लिए मनुष्य को सब संभव उपायों द्वारा मुक्त करना वांछनीय ही नहीं, ज़रूरी भी है।

तीसरी परिभाषा के अनुसार धर्म एक उपयोगी अस्त्र है जो उच्च संस्कृतिवान व्यक्तियों के लिए ज़रूरी नहीं है, बल्कि सामान्य जन को वश में रखने और उन्हें संतोष देने के लिए ज़रूरी है और इसलिए उसको कायम रखा जाना चाहिए।

हम पहली परिभाषा की तुलना उस व्यक्ति की परिभाषा से कर सकते हैं जो यह कहता है कि संगीत एक विशेष प्रकार का स्वर है- ऐसा स्वर जो उसकी जानकारी में सर्वश्रेष्ठ है और जो उसे सबसे अधिक प्रिय है और इसलिए ज्यादा से ज्यादा लोगों को इसकी शिक्षा दी जानी चाहिए।

हम दूसरी परिभाषा की तुलना उस व्यक्ति की परिभाषा से कर सकते हैं जो संगीत को नहीं समझता और उसे पसंद भी नहीं करता। वो व्यक्ति यही कहेगा कि संगीत गले या मुंह की आवाज से अथवा अमुक वाद्य साधनों को हाथों द्वारा इस्तेमाल करने से पैदा होता है उसके अनुसार यह एक बेकार और हानिकारक कार्य है, जिससे जल्दी-से-जल्दी लोगों को अलग कर देना चाहिए।

और अन्त में तीसरी परिभाषा की तुलना हम उस व्यक्ति की परिभाषा से कर सकते हैं जो संगीत को नृत्य की शिक्षा और फौजी कवायद के लिए उपयोगी समझता है और यह मानता है कि इन कार्यों के लिए उसे ऐसे ही बनाए रखना चाहिए। इन परिभाषाओं में जो विविधता और अपूर्णता है उसका कारण यह है कि संगीत के मुख्य गुण को नहीं समझा गया और परिभाषा करने वाले के दृष्टिकोण के अनुसार केवल उसके कुछ रूपों की व्याख्या की गई हैं।

पहली परिभाषा के हिसाब से धर्म एक ऐसी वस्तु है जिसमें परिभाषा करने वाला सही तौर पर श्रद्धा रखता है।

दूसरी परिभाषा के अंतर्गत धर्म शब्द की परिभाषा करने वाले की दृष्टि में लोग धर्म को गलत तौर पर मानते हैं।

तीसरी परिभाषा के अंतर्गत धर्म वह वस्तु है, जिसको परिभाषा करने वाला दूसरों से मनवाना आवश्यक समझता है।

तीनों ही स्थितियों में धर्म के असली तत्व की व्याख्या नहीं की गई, बल्कि ऐसी चीज़ की व्याख्या की गई है जिसको लोग मानते हैं और उसे धर्म समझ बैठे हैं।

पहली परिभाषा श्रद्धा को धर्म का स्थान प्रदान करती है, दूसरी परिभाषा अन्य व्यक्तियों की श्रद्धा को धर्म बताती है और तीसरी परिभाषा सामान्य जन द्वारा मानी जाने वाली श्रद्धा को धर्म का स्थान दिया है जिसका उन्हें धर्म के नाम पर विश्वास कराया जाता है।

श्रद्धा क्या है? लोग क्यों श्रद्धा पर कायम रहते हैं? श्रद्धा है क्या और कैसे पैदा हुई है? आजकल के शिक्षित लोगों के समूह में ज्यादातर लोग ये मानते हैं कि प्रकृति के तत्वों को न समझने के कारण जो अंधविश्वास और भय पैदा होता है और प्रकृति की इन शक्तियों को देवताओं का रूप देकर उनकी जो पूजा अर्चना की जाती है, वही प्रत्येक धर्म का मूल तत्व है।

आजकल के शिक्षित लोगों का समूह बिना किसी आलोचना के इस परिभाषा को श्रद्धापूर्वक मान लेता है और वैज्ञानिक लोग इसका न केवल खण्डन ही करते हैं, बल्कि वे इस परिभाषा के आमतौर पर कट्टर समर्थक भी पाए जाते हैं। मैक्समूलर या इसी प्रकार के और किसी व्यक्ति की, जो धर्म का भिन्न उद्गम और अर्थ बताते हैं, अगर कभी आवाज सुनाई भी देती है तो धर्म को आमतौर पर अज्ञान और अन्धविश्वास का प्रदर्शन समझने वालों की इतनी प्रचुरता है कि वह आवाज सुनी-अनसुनी हो जाती है। यह बहुत पहले की बात नहीं है, बल्कि 19वीं शताब्दी के आरम्भ की बात है। उस समय के मुखिया लोगों ने यद्यपि कैथोलिक प्रोटेस्टेण्ट और रूसी यनानी पुरातन धर्मों का खण्डन किया; परन्तु इस बात से कभी इनकार नहीं किया कि धर्म आमतौर पर प्रत्येक मनुष्य के जीवन के लिए आवश्यक अंग रहा है और आगे भी रहेगा। हम इस संबंध में डीस्ट वादियों का ज़िक्र न भी करें तो भी वोलटेयर और रॉब्सपियरी के उदाहरण हमारे सामने हैं। इनमें से प्रथम ने ईश्वर का स्मारक खड़ा किया और दूसरे ने ईश्वर के नाम पर एक विराट उत्सव की योजना की थी। लेकिन, हमारे समय में आगस्ट कोम्टे की, जो अन्य अधिकांश फ्रांसीसियों की भाँति कैथोलिकवाद को ही पूर्ण ईसाइयत मानता था, बेहूदा और ऊपरी शिक्षाओं की कृपा से शिक्षित जनता ने (जो बकर दृष्टिकोण को अपनाने के लिए सदा तत्पर और उत्सुक रहती है) यह निर्णय कर लिया और मान लिया है कि धर्म मानव जाति के विकास का निकृष्टतम पहलू है। इस को स्वयं सिद्ध मान लिया जाता है कि मानव जाति धार्मिक और आध्यात्मिक दोनों परिस्थितियों से होकर गुज़र चुकी है- और उसने तीसरी अवस्था मतलब वैज्ञानिक अवस्था में प्रवेश किया है और यह कि मनुष्यों में अब जो भी धर्म का अस्तित्व दृष्टिगोचर

होता है वह मानव जाति के आध्यात्मिक अंग का अवशेष मात्र है जो घोड़े के पंजे के पाँचवे नाखून की भाँति निरर्थक और बेकार हो चुका है।

ऐसा माना जाता है कि प्रकृति की अज्ञात शक्तियों से उत्पन्न भय, काल्पनिक देवताओं में विश्वास और उनकी पूजा में धर्म का तत्व निहित है। प्राचीन काल में लोकतंत्रवादी ऐसा ही समझते थे और आधुनिक तत्ववेत्ता और धार्मिक इतिहासवेत्ता भी यही कहते हैं।

यह एक ख़याल मात्र है कि अगोचर, अलौकिक हस्तियों अथवा ऐसी किसी एक हस्ती में श्रद्धा हमेशा ही प्रकृति की अज्ञात शक्तियों के भय के कारण पैदा नहीं होती, पुराने ज़माने के सुकरात, डेस्कार्टेज, न्यूटन आदि और इस युग के सैंकड़ों अत्यन्त प्रमुख और उच्च शिक्षित व्यक्तियों के उदाहरणों से इस बात की प्रमाणिकता का अनुभव कर सकते हैं। ये लोग प्रकृति की अज्ञात शक्तियों के भय से प्रेरित होकर कसी सर्वोच्च अलौकिक हस्ती में विश्वास न करते थे; किन्तु इस प्रमाण को एक ओर रख दिया जाए तो भी प्रकृति की रहस्यमयी शक्तियों के संबंध में मनुष्यों के अंधविश्वास जनित भय ने धर्म को जन्म दिया है, इस कथन से मुख्य प्रश्न का कोई उत्तर नहीं मिलता। मुख्य प्रश्न तो यह है कि मनुष्यों में वह ऐसी कौन सी बात थी कि जिसके कारण उन्हें अगोचर, अलौकिक शक्तियों की कल्पना हुई ?

व्यक्तियों को यदि बादलों की कड़क और बिजली से भय लगा तो इसका कारण यह था कि बादलों की कड़क और बिजली स्वमेव भयोत्पादक चीजें हैं; किन्तु उन्हें इस बात की कोई ज़रूरत नहीं थी कि वे किसी ऐसी अगोचर, अलौकिक हस्ती की खोज करें जो कहीं-न-कहीं रहती है और कभी-कभी लोगों की तरफ तीर फेंकती रहती है।

लोगों में मृत्यु का भय तब उत्पन्न होता है जब वह मृत्यु का कोई दृश्य देखते हैं; किन्तु उन्हें मृत आत्माओं की कल्पना करने की क्या ज़रुरत, जिनके साथ कि वे काल्पनिक संबंध स्थापित करता है ? बिजली की कड़क से मनुष्य घरों में छिप सकता है। मृत्यु के भय से मनुष्य मृत्यु से भागने का प्रयास कर सकता है; किन्तु यदि मनुष्यों ने शाश्वत और सर्वशक्तिमान ईश्वर की कल्पना की और यह समझा कि वही उनका आधार है, अगर व्यक्तियों ने मृत लोगों की जीवित आत्माओं की खोज की और ये उन्होंने भय से प्रेरित होकर नहीं किया, बल्कि इसके अन्य कारण थे, स्पष्ट है कि उन कारणों में धर्म तत्व निहित है।

इन सब के बजाए हर व्यक्ति जिसने कभी बचपन में भी धार्मिक भावना का अनुभव किया होगा, वह अपने खुद के अनुभव से यह जानता है कि उसके दिल में वह भावना किसी बाह्य आतंककारी भौतिक दृश्य के कारण नहीं पैदा हुई, बल्कि वह एक ऐसी अनुभूति थी जिसका प्रकृति की अज्ञात शक्तियों के भय के साथ कोई संबंध नहीं हो सकता। वह अनुभूति थी उसकी अपनी क्षुद्रता की, एकाकीपन की और अपराधों की और इसलिए मनुष्य बाह्य अवलोकन और व्यक्तिगत अनुभव दोनों के ही द्वारा यह जान सकता है कि धर्म देवताओं की उस पूजा का नाम नहीं है जो प्रकृति की अज्ञात शक्तियों के मिथ्या भय से प्रेरित होकर की जाती है। मनुष्यों के विकास की एक ख़ास अवस्था में ही यह सम्भव होता है। धर्म तो भय और लोगों की शिक्षा की मात्रा दोनों से पृथक वस्तु है- ऐसी वस्तु है जो संस्कृति का चाहे जितना विकास क्यों न हो जाए, नष्ट नहीं हो सकती। कारण जब तक मनुष्य, मनुष्य रहेगा, उसको हमेशा यह भान रहा है और रहेगा कि इस अनन्त विश्व में वह एक सीमित प्राणी है और उसने वह सब कार्य नहीं किए जो उसे करने थे और जिनको वह कर सकता था।

इसी तरह जब मनुष्य बचपन की पशु स्थिति और आरंभिक बाल्यकाल की अवस्था को पार कर लेता है, जब कि वह शारीरिक आवश्यकताओं से ही प्रेरित होता है अर्थात् वह बौद्धिक रूप से जागृत होता है तो वह अपने चारों ओर यह देखे बिना नहीं रह सकता कि सारी सृष्टि कायम है, नवीन रूप धारण करती रहती है, नष्ट नहीं होती और एक निश्चित शाश्वत नियम के अधीन होकर काम करती है। व्यक्ति स्वयं को संसार से अलग समझता है और अनुभव करता है कि केवल उसे ही मृत्यु का ग्रास बनना है, अनन्त स्थल और काल में विलीन हो जाना है। उसे यह कष्टजनक विचार सताता है कि उसे अपने कार्यों का फल भुगतना पड़ेगा अर्थात् वह यह सोचता है कि बुरे काम कि जगह उसे अच्छा काम करना चाहिए। यह समझने के बाद कोई भी विवेकवान व्यक्ति अपने आप से यह प्रश्न पूछे बिना नहीं रह सकता- “इस अनन्त, सुनिश्चित और असीम संसार में मेरे इस क्षणिक, अनिश्चित और अस्थायी अस्तित्व का क्या अर्थ है?” वास्तविक मानव जीवन में प्रवेश करने के बाद मनुष्य इस प्रश्न की उपेक्षा नहीं कर सकता। हर व्यक्ति के समक्ष ये प्रश्न अवश्य उत्पन्न होता है और वह किसी न किसी रूप में उसको हल करने का प्रयास करता है। इसी प्रश्न के उत्तर में प्रत्येक धर्म का तत्व निहित है। “मैं जीवित क्यों हूँ और मेरे चारों

और फैले हुए असीम संसार[8] के साथ मेरा क्या संबंध है?" केवल इसी एक प्रश्न के उत्तर में धर्म का तत्व निहित है।

बहुत सारे धर्मशास्त्र, देवी देवताओं और संसार की उत्पत्ति संबंधी तमाम सिद्धांत और पूजा अर्चना के तमाम बाह्य प्रकार- जिनको बहुधा धर्म ही समझा जाता है- (भौगोलिक, लौकिक और ऐतिहासिक परिस्थितियों के कारण भिन्न होते हुए भी) धर्म के अस्तित्व के सूचक हैं। आपको अच्छे से अच्छे और बुरे से बुरे धर्म में कोई भी ऐसा नहीं मिलेगा जिसका संसार के साथ और ईश्वर के साथ मनुष्य का संबंध स्थापित नही है। हर बुरे से बुरे धार्मिक विधि और हर अच्छे से अच्छे धार्मिक सिद्धांत की जड़ में यह बात अवश्य ही मिलती है। हर धर्म प्रवर्तक ने व्यक्ति का संसार और संसार नियन्ता के साथ जो संबंध निर्धारित कर दिया है, वही उस धर्म की शिक्षाओं में व्यक्त किया गया है।

ईश्वर और मनुष्य का संबंध अलग-अलग रूपों में प्रकट किया गया है। उनका स्वरुप धर्म प्रवर्तकों और उनके धर्मानुयायियों के वंश और इतिहास के अनुसार बना है। इससे सिवाय धर्म प्रवर्तक तो सामान्य जन की अपेक्षा सैंकड़ों और कभी-कभी हजारों वर्ष आगे की बात सोचने में समर्थ थे; लेकिन उनके अनुयायियों ने उनकी शिक्षाओं की विविध परिभाषाएं की और उसका गलत अर्थ भी प्रस्तुत किया। इस प्रकार का संबंध दृष्टिगोचर होता है, हालांकि मनुष्य और संसार नियन्ता के बीच तीन प्रकार के मौलिक संबंध हैं। पहला, प्रारम्भिक व्यक्तिगत संबंध है, दूसरा, सामाजिक अथवा कुटुम्ब और राष्ट्रगत संबंध है और तीसरा धार्मिक अथवा दैवी संबंध है।

सच तो यह है कि इस विश्व के साथ मनुष्य के दो ही संबंध हो सकते हैं- एक तो व्यक्तिगत और दूसरा धार्मिक। पहले संबंध को मानने वाला व्यक्तिगत हित साधन को ही जीवन का उद्देश्य समझता है और उसे व्यक्तिगत रूप से अथवा अन्य व्यक्तियों के साथ मिलकर सिद्ध करता है। दूसरे संबंध को मानने वाला, जिस परमात्मा ने व्यक्ति को इस संसार में भेजा है, उसकी सेवा करना अपने जीवन का उद्देश्य समझता है। पहले विभाजन में जिन तीन संबंधों का ज़िक्र किया गया है उनमें से दूसरे संबंध अर्थात् सामाजिक संबंध को पहले संबंध का ही विस्तार समझना चाहिए।

---

[8] विश्व शब्द यहाँ और अन्यत्र उसके मौलिक अर्थो में प्रयुक्त किया गया है और उसमें आध्यात्मिक और भौतिक तमाम विद्यमान वस्तुओं का समावेश हो जाता है।

जो सबसे पहली कल्पना है वही सबसे प्राचीन कल्पना है। यह उन लोगों में अब भी प्रचलित है जिनका नैतिक विकास बहत कम हो पाया है। इसके अनुसार व्यक्ति अपने लाभ सोचकर ही कार्य करता है; वह इस दुनिया में अधिक से अधिक व्यक्तिगत सुख प्राप्त करने का प्रयास करता है और इस बात की परवाह नहीं करता कि ऐसा करते हुए वह दूसरों को कितना दु:ख पहुंचाता है।

एक मनुष्य का संसार के प्रति संबंध की यह अति प्राचीन कल्पना है। प्रत्येक शिशु जब इस दुनिया में जन्म लेता है तो उसकी यही कल्पना होती है। मानव जाति की अपने विकास की प्रथम अवस्था में यही कल्पना रही है और आज भी अनेक व्यक्ति, जिनका नैतिक मापदण्ड सूक्ष्म नहीं है और जंगली जातियां भी इसी कल्पना का अनुसरण करती हैं। इसी कल्पना से अल्प विकसित धर्मों का उदय हुआ और उनके बाद जो धर्म पैदा हुए अर्थात् बुद्ध धर्म,[9] ताओ धर्म और इस्लाम धर्म के निकृष्ट और विकृत रूपों का उद्गम भी इसी कल्पना द्वारा हुआ है। आधुनिक अध्यात्मवाद भी इसी कल्पना का परिणाम है जिसके मूल में व्यक्तित्व की रक्षा और कल्याण की भावना कार्य करती है। जितने भी अल्पविकसित धर्म हैं, अज्ञात की खोज के अलौकिक साधन हैं, उनमें मनुष्य की भाँति सुख का उपभोग करने वाले प्राणी केवल देवता ही माने गए हैं, मनुष्य और परमात्मा के बीच मध्यस्थता करने वाले सन्त हैं, मनुष्य के पार्थिव कल्याण के लिए और संकटों से निर्वाण के लिए जितने यज्ञ होते हैं और प्रार्थनाएं की जाती हैं, उन सबका मूल जीवन विषयक यही कल्पना है।

संसार और मनुष्य के संबंध का दूसरा रूप सामाजिक है। जिसे वह अपने विकास की दूसरी सीढ़ी के रूप में अपनाता है। यह संबंध मुख्यत: वयस्क लोगों के लिए स्वाभाविक होता है। इसमें मनुष्य व्यक्तिगत हित साधन को नहीं, बल्कि व्यक्ति समूहों के हित साधन को जीवन का उद्देश्य समझता है। व्यक्ति समूहों में परिवार, वंश, जाति, साम्राज्य अथवा समस्त मानव जाति तक का समावेश हो जाता है।

---

[9] बुद्ध धर्म अपने अनुयायियों को सांसारिक सुखों और जीवन तक को त्याग देने का उपदेश देता है, किन्तु पूर्व निश्चित व्यक्तिगत कल्याण को ही अपना आधार मानता है। अंतर केवल इतना है कि जहाँ अन्य मूर्तिपूजक धर्म सुख प्राप्त करना मनुष्य का अधिकार मानते हैं, वहाँ बुद्ध धर्म यह मानता है कि यह दुनिया लुप्त हो जानी चाहिए, क्योंकि वह प्राणियों के लिए दु:ख की सामग्री उपस्थित करती है। बुद्ध धर्म नकारात्मक अल्प विकसित धर्म है।

इस कल्पना के अनुरूप जीवन का उद्देश्य व्यक्ति की परिधि से हटकर परिवार, वंश, राष्ट्र अथवा साम्राज्य तक फैल जाता है- व्यक्तियों के अमुक संगठन उसके दायरे में आ जाते हैं और उनका कल्याण जीवन का उद्देश्य समझा लिया जाता है। अमुक प्रकार के सब धर्म अर्थात् खानदानी और सामाजिक धर्म, चीनी और जापानी धर्म, ईश्वर के प्यारों अर्थात् यहूदियों के धर्म, रोम का राष्ट्र धर्म, गिर्जा और राष्ट्र धर्म (जिसे भूल से ईसाई धर्म कहा जाता है) और प्रस्तावित निश्चयात्मक मानव धर्म- इन सबका इसी कल्पना से आरम्भ हुआ है।

चीन और जापान में पूर्वजों के समस्त समारोह, रोम में सम्राटों की पूजा, यहूदियों के असंख्य समारोह, जिनका लक्ष्य ईश्वर और उनके प्यारों के बीच अमुक समझौता कायम रखना है, राष्ट्र के कल्याण के लिए या युद्ध में विजय प्राप्त करने के लिए की जाने वाली गिर्जों की प्रार्थनाएं और कौटुम्बिक और सामाजिक प्रार्थनाएं- इन सबका आधार वही कल्पना है जो मनुष्य और विश्व के संबंधों के विषय में की गई है।

तीसरी कल्पना ईसाई अर्थात् शुद्ध धार्मिक कल्पना में वो संबंध निहित है। तमाम वृद्ध मनुष्यों को इसका भान है और मेरी राय में उसे अब मानवता अपनाने लगी है। इस कल्पना के अनुसार जीवन का उद्देश्य व्यक्तिगत उद्देश्यों अथवा व्यक्तियों के अमुक संगठन के लक्ष्य की पूर्ति नहीं हो सकता। उसके अनुसार जीवन का लक्ष्य उस परम पिता परमात्मा की इच्छा की पूर्ति करना है, जिसने मनुष्य को और इस समस्त विश्व को मनुष्य के उद्देश्य के लिए नहीं, बल्कि अपने ही उद्देश्यों के लिए पैदा किया है।

दुनिया की श्रेष्ठतम धार्मिक शिक्षा का जन्म हुआ; इस कल्पना से ही हुआ है जिसके बीज यूनानियों, मिश्रियों, पर्शियनों, ब्राह्मणों, बौद्धों और ताओ धर्मियों के श्रेष्ठ व्यक्तियों में विद्यमान थे; किन्तु जिनकी पूर्ण और अंतिम अभिव्यक्ति सिर्फ ईसाई धर्म के शुद्ध और निर्विकार रूप में हुई है। जीवन की इस कल्पना को लेकर जो प्राचीन धर्म पैदा हुए, उनके तमाम कर्मकाण्डों और इस युग के कुछ समूहों के पूजा-पाठ के बाह्य प्रकारों में हमको मनुष्य और विश्व के संबंधों की उसी कल्पना का धार्मिक प्रदर्शन नज़र आता है।

संसार में जितने भी प्रकार के धर्म हैं, उन सबको इन तीन कल्पनाओं में से किसी एक में विभाजित किया जाता है।

हरेक व्यक्ति जो पशु अवस्था को पार कर लेता है , अनिवार्यतः पहली, दूसरी या तीसरी कल्पना को अपनाता है और चाहे वह नाम के लिए किसी धर्म को मानता हो परन्तु बाद में वही धर्म उसका वास्तविक धर्म बन जाता है।

हर व्यक्ति निम्नलिखित में से कोई एक कल्पना अवश्य करता है कि उनके और संसार के बीच क्या संबंध है, क्योंकि कोई भी विवेकवान प्राणी जो इस संसार में रहता है उसके साथ उसका कोई-न-कोई संबंध अवश्य होता है और चूंकि मनुष्य ने अभी तक हमारी जानकारी में तीन प्रकार के संबंधों की ही खोज की है, इसलिए यह परिणाम निकलता है कि प्रत्येक मनुष्य तीन में से किसी एक संबंध को मानता है और वह चाहे या न चाहे वह उन तीन मूलभूत धर्मों में से एक के साथ सम्बद्ध है, जिसमें कि मानव जाति बंटी हुई है।

इसी वजह से ईसाई धर्म को मानने वाले शिक्षित लोगों में जो यह बात आमतौर पर कही जाती है कि वे विकास की उस सीढ़ी पर पहुँच चुके हैं, जहाँ उन्हें किसी धर्म की आवश्यकता नहीं रह गई है या उनका कोई धर्म नहीं रह गया है, उसका सिर्फ यही अर्थ निकलता है कि वे ईसाई धर्म का तो खण्डन करते हैं, जो हमारे युग के लिए एकमात्र स्वाभाविक धर्म है, और अनजाने निम्न श्रेणी के सामाजिक, कौटुम्बिक, राष्ट्रगत अथवा प्रारंभिक अल्पविकसित धर्म को मानते हैं। धर्म के बिना व्यक्ति का होना अर्थात् संसार के साथ मनुष्य का कोई संबंध न होना उतना ही असम्भव है जितना कि हृदय के बिना मनुष्य का होना। यह हो सकता है कि व्यक्ति को यह पता न हो कि उसका अपना कोई धर्म है, ठीक उसी प्रकार जिस प्रकार कि किसी मनुष्य को यह पता न हो कि उसके पास हृदय है; किन्तु जिस प्रकार वह हृदय के बिना नहीं जी सकता, उसी प्रकार वह धर्म के बिना भी नहीं जी सकता।

धर्म वह संबंध है जिसको मनुष्य अपने चारों ओर फैले हुए असीम संसार अथवा उसके स्रोत और मूल कारण के प्रति स्वीकार करता है, और विवेकवान व्यक्ति को उनके प्रति कुछ-न-कुछ संबंध रखना ही पड़ता है।

आप कहेंगे कि शायद विश्व के प्रति मनुष्य के संबंध की व्याख्या करना धर्म का काम नहीं है। यह तो दर्शनशास्त्र (यदि उसका समावेश विज्ञान में किया जाए तो) अथवा सामान्य विज्ञान का काम है; किन्तु मेरा यह ख़याल नहीं है। इसके विपरीत, मेरा तो ख़याल है कि यदि हम विज्ञान का व्यापक अर्थ करें और उसमें दर्शनशास्त्र को भी शामिल कर लें तो भी

वह विश्व के प्रति मनुष्य के संबंध की व्याख्या नहीं कर सकता। हमारे समाज के शिक्षित लोगों में धर्म, विज्ञान और नैतिकता के संबंध में जो भ्रान्ति फैली हुई है, उसका मुख्य कारण यही विचार है।

विज्ञान, जिसमें हम दर्शनशास्त्र को भी शामिल कर लेते हैं, संसार अथवा उसके मूल कारण के प्रति मनुष्य के संबंध को निर्धारित नहीं कर सकता इसका एक बड़ा सबूत यह है कि दर्शनशास्त्र और विज्ञान का जन्म होने के पहले भी उस वस्तु का अस्तित्व अवश्य रहा होगा, जिसके बिना कोई विचार प्रवृत्ति और मनुष्य एवं संसार के बीच इसी प्रकार का संबंध हो ही नहीं सकता।

जैसे मनुष्य किसी भी प्रकार की गति के द्वारा यह मालूम नहीं कर सकता कि उसे किस दिशा की ओर जाना चाहिए, हालांकि उसकी प्रत्येक हलचल अनिवार्यत: किसी न किसी दिशा में प्रवाहित होती है, उसी प्रकार दर्शनशास्त्र और विज्ञान के क्षेत्र में चाहे जितना विचार विमर्श किया जाए तो भी यह ज्ञात नहीं किया जा सकता कि इस प्रकार के प्रयास किस दिशा में किया जाना चाहिए। किन्तु सब प्रकार के बौद्धिक प्रयास एक ख़ास दिशा में किए जाते हैं जो पहले से निश्चित हो चुकी होती है और वह धर्म ही है जो हमेशा सब प्रकार के बौद्धिक कार्यों की दिशा सूचित करता है। प्लेटो से लेकर शोपनहार तक सब तत्ववेत्ताओं ने हमेशा और अनिवार्यत: धर्म द्वारा सूचित दिशा का अनुसरण किया है। प्लेटो और उसके अनुयायियों का दर्शनशास्त्र अल्पविकसित दर्शनशास्त्र है, जिसमें अलग-अलग व्यक्तियों के लिए अधिक से अधिक कल्याण प्राप्त करने के साधनों और एक राष्ट्र की सीमा में मनुष्यों के सहयोग पर विचार किया गया है। मध्ययुग के गिर्जा समस्त ईसाई दर्शनशास्त्र ने भी मनुष्यों के लिए निर्वाण प्राप्त करने के साधनों का आविष्कार किया अर्थात् इस बात का पता लगाया कि आने वाले जीवन में सबसे अधिक व्यक्तिगत कल्याण किस तरह प्राप्त किया जाए। यदि उसने समाज के कल्याण का विचार किया वो भी उस समय जब उसने अपने विचारों के अनुसार राज्य संगठन को चलाने का प्रयास किया। इस दर्शनशास्त्र का उदय भी जीवन संबंधी उसी अविकसित कल्पना से हुआ।

हेगल और कोमटे के द्वारा प्रस्तावित आधुनिक दर्शनशास्त्र की जड़ जीवन की राष्ट्रवादी, सामाजिक, धार्मिक कल्पना है। शोपनहार और हार्टमेन के निराशावादी दर्शनशास्त्र ने यहूदियों की सृष्टि विषयक कल्पना से मुक्ति पाने के लिए अनजाने में बौद्ध धर्म के धार्मिक आधार को स्वीकार किया।

मनुष्य और संसार के बीच धर्म जो संबंध स्थापित करता है, उसके अन्त में जो परिणाम पैदा होते हैं, उनकी खोज करना ही हमेशा दर्शनशास्त्र का काम रहा है और आगे भी रहेगा। कारण, जब तक वह संबंध निर्धारित नहीं हो जाता, तब तक दर्शनशास्त्र के विचार के लिए किसी प्रकार का आधार ही उत्पन्न नहीं हो सकता।

यह आवश्यक नहीं है कि विज्ञान हर वस्तु का अध्ययन करे। जिसे आजकल वैज्ञानिक लोग मूर्खतापूर्वक समझते हैं। इसकी वजह है कि ऐसा किया ही नहीं जा सकता, क्योंकि ऐसे बहुत से असंख्य पदार्थ हैं, जिनका अध्ययन करना है, उन पदार्थों के महत्त्व के अनुसार ही विज्ञान का परीक्षण कार्य हमेशा चला है और आगे भी चलेगा, और इसलिए विज्ञान एक और अविभक्त नहीं है। जितने प्रकार के धर्म हैं, उतने ही प्रकार के विज्ञान हैं। प्रत्येक धर्म खोज के लिए पदार्थों की एक सारणी विशेष का चुनाव करता है और इसलिए विभिन्न समय लोगों के विज्ञान पर उस धर्म का चिन्ह अंकित होता है जिस धर्म के दृष्टि से मनुष्य उस पदार्थ को देखता है।

अल्पविकसित विज्ञान की पुनरुत्थान काल में पुनस्थापना हुई और वह अब हमारे समाज में ईसाई नाम से प्रचलित है, अल्पविकसित विज्ञान ने हमेशा उन परिस्थिति और अवस्थाओं का आविष्कार किया है और कर रहा है, इसके द्वारा मनुष्य का अधिक से अधिक हित सिद्ध हो सकता है। ब्राह्मण और बौद्ध दर्शन विज्ञान ने हमेशा उन परिस्थितियों की खोज की जिनके अधीन मनुष्य को उन तकलीफों से मुक्ति मिल सकती है, जिनसे वह दुखी है। यहूदी विज्ञान ने हमेशा उन शर्तों का अध्ययन और विवेचन किया है, जिनका मनुष्य को परमात्मा के साथ अपने इकरार की पूर्ति के लिए पालन करना होता है। उसका उद्देश्य यह भी था कि ईश्वर के प्रिय पुत्र अपना श्रेष्ठ काम करते रहें। गिर्जा संमत ईसाई विज्ञान ने उन परिस्थितियों का आविष्कार किया है और कर रहा है, जिनके अनुसार मनुष्य निर्वाण प्राप्त कर सकता है। सच्चा ईसाई विज्ञान, जिसका अभी-अभी जन्म हो रहा है, उन बातों की खोज कर रहा है जिनके द्वारा व्यक्ति अपने परमपिता परमात्मा के आदेशों का पता लगा सके और यह जान सके कि उन आदेशों पर जीवन में किस प्रकार अमल किया जाए।

विज्ञान और दर्शनशास्त्र संसार के साथ मनुष्य का संबंध निर्धारित नहीं कर सकता। इसका कारण यह है कि दर्शनशास्त्र अथवा विज्ञान के जन्म लेने से पहले ये काम नहीं कर सकते क्योंकि वे खोज करने वाले की स्थिति अथवा उसकी भावनाओं की परिधि से अलग केवल बुद्धि द्वारा निर्धारित नहीं किया जा सकता, बल्कि व्यक्ति की भावना और उसकी

आध्यात्मिक शक्तियों के सम्पूर्ण संयोग से ही यह काम हो सकता है। आप किसी आदमी को चाहे जितना आश्वासन दीजिए, उसे चाहे जितना समझाइए कि जो कुछ भी अस्तित्व में है, वह केवल विचार द्वारा है, लेकिन हर वस्तु परमाणु से बनी है, तथा तत्व और इच्छा ही जीवन का मूल है। गर्मी, रोशनी, गति और विद्युत एक ही शक्ति के अलग-अलग प्रदर्शन हैं, किन्तु जो मनुष्य अनुभव करता है, कष्ट भोगता है, प्रसन्न होता है, भय खाता है और आशाएं बांधता है, उसे इन सभी बातों से यह समझ में नहीं आ सकता कि उसका इस समस्त संसार में स्थान क्या है?

इस संसार में धर्म मनुष्य को उसका स्थान बताता है और यह भी बताता है कि संसार से उसका संबंध क्या है? धर्म उसको कहता है कि- "इस संसार का अस्तित्व ही तुम्हारे लिए है, इसलिए जीवन से जितना आनंद उठाना हो, उठा लो।" अथवा- "तुम ईश्वर की प्रिय जाति के पुत्र हो, इसलिए उस जाति की सेवा करो, ईश्वर ने जो कुछ आदेश दिया है, उसका पालन करो, तुम्हारा और जाति का अधिक से अधिक कल्याण होगा।" अथवा- "तुम सर्वशक्तिमान के हाथ के अस्त्र हो, जिसने तुम्हें एक निश्चित कार्य करने के लिए इस संसार में भेजा है; उसकी इच्छा ज्ञात करो और उसको पूरा करो और तुम अपने सबसे उत्तम कर्म को पूरा करोगे।"

यदि हमें दर्शनशास्त्र और विज्ञान के कथनोपकथनों को समझना है तो उसके लिए अध्ययन ज़रूरी है, लेकिन धर्म को समझने के लिए दर्शनशास्त्र और विज्ञान की आवश्यकता नहीं होती; प्रत्येक मनुष्य, यहाँ तक कि अत्यन्त मर्यादित और अज्ञ आदमी भी उसे समझ सकता है।

एक व्यक्ति का इस संसार और उसके मूल कारणों के साथ संबंध होता है, यह जानने के लिए यह ज़रूरी नहीं है कि उसको दर्शनशास्त्र अथवा विज्ञान का ज्ञान हो, यदि कुछ आवश्यक है तो सिर्फ यही कि कुछ समय के लिए ही सही, वह संसार के समस्त झंझटों को त्याग दे, उसे अपनी पार्थिव नगण्यता का अहसास हो जाए और व्यक्ति सत्य को हृदय से स्वीकार कर ले। जैसा कि धर्मशास्त्रों में कहा गया है, यह गुण बच्चों में और सीधे सादे, अशिक्षित लोगों में प्रायः देखे जाते हैं। यही वजह है कि सीधे सादे, कम से कम विद्वान और शिक्षित लोग होते हैं, बड़ी स्पष्टता, समझ और सरलता के साथ जीवन के सर्वश्रेष्ठ धार्मिक उद्देश्य को स्वीकार कर लेते हैं और अत्यन्त विद्वान और 'सुसंस्कृत' व्यक्ति कुरूप और निम्न श्रेणी के धार्मिक विचारों में उलझे रहते हैं। उदाहरण के लिए

आपको ऐसे लोग मिलेंगे जो अत्यन्त सुसंस्कृत और सुशिक्षित होंगे। उनके पास जीवन का यही उद्देश्य होता है कि मनुष्य आनंद का उपभोग करे और कष्टों से दूर रहे। महाविद्वान और उच्च शिक्षा प्राप्त शोपनहार यही मानता था और अच्छे शिक्षित पादरी भी यही मानते आए हैं कि धार्मिक कर्मकाण्ड अथवा ईश्वर की कृपा से आत्मा को मुक्ति मिल सकती है। इसके विपरीत आपको बिल्कुल अशिक्षित देहाती किसान मिल जाएगा- जो बिना किसी बौद्धिक प्रयास के जीवन का वही लक्ष्य समझ लेगा जैसा कि दुनिया के बड़े-बड़े संतों ने समझाया था- अर्थात् यह कि वह परमात्मा का पुत्र है और उसकी इच्छा के अनुरूप कार्य करने वाला एक अस्त्र है।

हमारे समक्ष सदा यह प्रश्न उत्पन्न होता है कि इस अदार्शनिक, अवैज्ञानिक ज्ञान का सार क्या है? यदि वह दार्शनिक और वैज्ञानिक नहीं है तो फिर क्या है? उसकी व्याख्या किस प्रकार की जाए? इन प्रश्नों का मैं यही उत्तर दे सकता हूं कि चूँकि धार्मिक ज्ञान वह ज्ञान है जिस पर अन्य सब ज्ञान आश्रित होते हैं, और चूंकि इस ज्ञान का जन्म सबसे पहले होता है, इसलिए हम उसकी व्याख्या नहीं कर सकते, क्योंकि वैसा करने के लिए हमारे पास साधन ही नहीं है। धर्मशास्त्रों की भाषा में इस ज्ञान को ईश्वरीय ज्ञान कहते हैं और यदि हम 'ईश्वरीय ज्ञान' शब्द का कोई रहस्यवादी अर्थ न करें तो यह शब्द बिल्कुल यथार्थ शब्द प्रतीत होता है। इसका कारण यह है कि यह ज्ञान न तो अध्ययन द्वारा प्राप्त होता है और यह ज्ञान केवल किसी एक को नहीं बल्कि अनेक मनुष्यों को प्रयत्न द्वारा प्राप्त होता है। यह तो केवल उसी व्यक्ति या उन्हीं व्यक्तियों को प्राप्त होता है जो उस अनन्त ज्ञान के प्रदर्शन को स्वीकार करते हैं जो धीरे-धीरे मानव जाति पर प्रकट हो रहा है।

कुछ तो वजह होगी जो आज से दस हजार वर्ष पहले लोग यह समझने में सक्षम नहीं थे कि जीवन का उद्देश्य केवल स्वयं की भलाई तक ही सीमित नहीं हो सकता? इसके बाद ऐसा समय क्यों आया, अब लोगों को जीवन का सही उद्देश्य प्राप्त हुआ है अर्थात् उनमें कौटुम्बिक, सामाजिक, जातीय और राष्ट्रीय भावना उत्पन्न हुई? और यह तो इतिहास काल की बात है जब लोगों को जीवन की ईसाई कल्पना का पता चला। अमुक लोगों को ही उसका ज्ञान क्यों हुआ, अमुक समय और अमुक रूप में हीं वह ज्ञान क्यों हुआ? इन प्रश्नों का उत्तर देने के लिए यदि हम जीवन के इस दृष्टिकोण को अपनाने और उसे सर्वप्रथम व्यक्त करने वाले लोगों के उस काल की ऐतिहासिक परिस्थितियों, उनके जीवन और चरित्र तथा विशेष गुणों की विवेचना करने की कोशिश करेंगे तो यह

ठीक वैसा ही होगा जैसा कि हमसे कोई पूछे कि उदीयमान सूर्य अन्य वस्तुओं पर प्रकाश डालने के पहले अमुक वस्तुओं पर ही पहले क्यों प्रकाश डालता है और हम उसका उत्तर देने का प्रयत्न करें। सत्य रूपी सूर्य जैसे-जैसे आकाश में बढ़ता है, वैसे-वैसे वह संसार को अधिक से अधिक प्रकाशित करता जाता है; उसका प्रतिबिम्ब पहले उन्हीं पदार्थों पर पड़ता है जिन पर उसकी प्रकाश किरणें सबसे पहले पड़ती हैं जो उसके प्रकाश को ग्रहण करने के लिए सबसे अधिक उपयुक्त होते हैं। किन्तु जो गुण मनुष्यों को उदीयमान सत्य को ग्रहण करने की क्षमता प्रदान करते हैं, वे बुद्धि के ख़ास अथवा सक्रिय गुण नहीं होते; इसके विपरीत वे तो हृदय के निष्क्रिय गुण हुआ करते हैं, जो तीक्ष्ण बुद्धि वाले मनुष्यों में कभी-कभी दिखाई देते हैं। विश्व की झंझटों से मुक्ति पाना, अपनी भौतिक नगण्यता का पता होना और दर्पण के समान ईमानदार होना- यही वे गुण हैं जो हमको सभी धर्म प्रवर्तकों के जीवन में देखने को मिलते हैं। इन धर्म प्रवर्तकों में न तो असाधारण दार्शनिक प्रतिभा थी और न असाधारण वैज्ञानिक प्रतिभा।

मेरे अनुसार ईसाई समाज की वास्तविक प्रगति के मार्ग में सबसे मुख्य बाधा यही है कि वैज्ञानिकों ने हज़रत मूसा का पद ग्रहण कर लिया है। इन वैज्ञानिकों ने पुनरुत्थान काल में पुनः प्रतिपादित जीवन के अल्पविकसित दृष्टिकोण को अपनाया हुआ है, जो वस्तुतः ईसाई धर्म का दूषित रूप है। उन्होंने यह निर्णय कर लिया है कि मानव समाज ईसाई धर्म से आगे बढ़ चुका है और जीवन के जिस प्राचीन, अल्पविकसित राष्ट्रगत सामाजिक दृष्टिकोण को उन्होंने अपना रखा है, वही जीवन का सबसे उत्तम ज्ञान है और उसी पर मानव समाज को दृढ़तापूर्वक डटे रहना चाहिए। इस प्रकार के विचारों के कारण ही वे ईसाई धर्म को समझ नहीं पाते और उसे समझने का प्रयास भी नहीं करते। लेकिन वास्तव में यही जीवन का सबसे सही नज़रिया है जिसकी ओर मानव समाज बढ़ रहा है।

इस भ्रम का मुख्य कारण यह है कि वैज्ञानिक ईसाई धर्म से अलग जा पड़े हैं और यह मानने लगे हैं कि उनके विज्ञान का उसके साथ मेल नहीं बैठता। वह विज्ञान का दोष नहीं मानते बल्कि ईसाई धर्म में ही दोष निकालते हैं। यदि अन्य रूप से वह मानते हैं कि ईसाई धर्म, विज्ञान से 1800 वर्ष पीछे हो गया है, हालांकि परिस्थिति यह है कि उनका विज्ञान, जो आधुनिक समाज के एक बड़े भाग को प्रभावित कर रहा है, वो ईसाई धर्म से 1800 वर्ष पीछे है।

परिस्थितियों के हेर-फेर का यह आश्चर्यजनक परिणाम निकला है कि धर्म, नैतिकता अथवा जीवन के सारतत्व और वास्तविक महत्त्व के संबंध में जितनी भ्रान्ति वैज्ञानिकों में फैली हुई है उतनी अन्य लोगों में नही पाई जाती। इसके बावजूद आश्चर्य की बात यह है कि जिस आधुनिक विज्ञान ने भौतिक सृष्टि के तत्वों के अन्वेषण में महान सफलता प्राप्त की है, वह मानव जीवन का पथ प्रदर्शन करने में असफल सिद्ध हो रहा है। यही नहीं, बल्कि उसको हानि भी पहुंचा रहा है।

मेरी नज़र में दर्शन और विज्ञान दोनों ही संसार के प्रति मनुष्य के संबंध को निर्धारित नहीं करते; बल्कि यह कार्य सदा ही धर्म का रहा है।

मैं धर्म शब्द का क्या अर्थ समझता हूं? आपके इस प्रश्न का मेरे अनुसार यही उत्तर है कि धर्म वह संबंध है जो मनुष्य अपने और इस असीम और अनन्त संसार अथवा विश्वपति और जगत आदि के बीच स्थापित करता है।

यदि देखा जाए तो पहले प्रश्न के उत्तर में ही दूसरे प्रश्न का उत्तर निहित है।

अगर धर्म ही वह संबंध जो मनुष्य अपने और विश्व के बीच स्थापित करता है, जीवन के उद्देश्य को निर्धारित करता है तो हम उस मानव प्रवृत्ति को नैतिकता का सूचक और स्पष्टीकरण कह सकते हैं, जो मनुष्य द्वारा विश्व के प्रति अमुक संबंध रखने के फलस्वरूप उत्पन्न होती है। यदि हम अल्पविकसित, सामाजिक संबंध को व्यक्तिगत संबंध का विकसित रूप मान लें तो दो प्रकार के मौलिक संबंधों और यदि हम सामाजिक संबंध को पृथक समझें तो तीन प्रकार के संबंधों का अस्तित्व पाया जाता है। इससे यह परिणाम निकलता है कि नैतिकता संबंधी तीन प्रकार की शिक्षाओं का अस्तित्व है- (1) प्रारम्भिक, जंगली अथवा व्यक्तिगत (2) अल्पविकसित, कौटुम्बिक, राष्ट्रगत अथवा सामाजिक और (3) धार्मिक अथवा दैवी शिक्षा अर्थात् मानस सेवा या प्रभु सेवा की शिक्षा।

मनुष्य का संसार के प्रति प्रथम प्रकार के संबंध से नैतिकता की उस शिक्षा का जन्म होता है जो उन सब अल्पविकसित धर्मों में सामान्य रूप से पाई जाती है जिनके मूल में व्यक्तिगत कल्याण सिद्ध करने की भावना होती है। इसलिए इन धर्मों में यह बताया जाता है कि किन परिस्थितियों में व्यक्ति का सबसे अधिक हित हो सकता है और उसको प्राप्त करने के कौन-कौन से साधन हैं। इस संबंध से अल्पविकसित शिक्षाओं का जन्म होता है- निम्नतम प्रकार की 'एपीक्युयिन' शिक्षा, सदाचार की मुसलमानी शिक्षा जो इस दुनिया और अगली दुनिया में पार्थिव व्यक्तिगत आनंद दिलाने का आश्वासन देती है, गिर्जा सम्मत ईसाई

शिक्षा जो व्यक्ति को मुक्ति दिलाने, ख़ासतौर पर दूसरी दुनिया में सुख पहुँचाने की कल्पना करती रहती है, और लौकिक उपयोगितावादी नैतिकता की शिक्षा जो केवल इसी दुनिया में व्यक्ति के कल्याण की कामना करती है- इन सब शिक्षाओं का जन्म प्रथम प्रकार के संबंध से होता है। इसी शिक्षा से, जिसमें व्यक्तिगत कल्याण को ही जीवन का लक्ष्य माना जाता है और इसलिए व्यक्तिगत कष्ट सहन से निर्वाण की इच्छा रखी जाती है, अपरिष्कृत रूप में बौद्ध धर्म की नैतिक शिक्षाओं और निराशावादियों की भौतिक शिक्षाओं का जन्म होता है।

अब यदि दूसरे संबंध के हिसाब से देखा जाए तो जिसमें व्यक्तियों के समूह का हित सिद्ध करना जीवन का उद्देश्य समझा जाता है, नैतिकता संबंधी उस शिक्षा का जन्म होता है, जिसके अनुसार मनुष्य को उस समूह की सेवा करनी होती है जिसका हित सिद्ध करना जीवन का लक्ष्य समझा जाता है। इस शिक्षा के अनुसार मनुष्य के हित का उसी हद तक ख़याल रखा जा सकता है जिस हद तक वह सारे जन समूह के लिए प्राप्त किया जा सके। इस संबंध से नैतिकता संबंधी उन सुप्रसिद्ध रोमन और यूनानी शिक्षाओं का जन्म होता है और चीनी नैतिकता का जन्म भी उसी से होता है। यहूदियों की नैतिकता का जन्म भी इसी संबंध से होता है, जिसके अनुसार व्यक्ति के हित को ईश्वर के प्यारे पुत्रों के कल्याण पर कुर्बान कर दिया जाता है। इस युग में गर्जे और राष्ट्रीय नैतिकता का जन्म भी इसी संबंध से होता है जिसके अनुसार राष्ट्र के कल्याण के लिए मनुष्य को बलिदान करने के लिए कहा जाता है। संसार के प्रति इस संबंध से ही ज्यादातर स्त्रियों की नैतिकता का जन्म होता है जो अपने परिवार और ख़ास कर अपने बच्चों की खातिर अपने सारे व्यक्तित्व का बलिदान कर देती है।

यदि इतिहास की बात की जाए तो प्राचीन इतिहास में और कुछ हद तक मध्यकालीन और आधुनिक इतिहास में इसी कौटुम्बिक, सामाजिक अथवा राष्ट्रीय नैतिकता के उदाहरण भरे पड़े हैं कि वे ईसाई नैतिकता को मानते हैं, क्योंकि वे ईसाई धर्म को मानते हैं, किन्तु वास्तव में वे इसी कौटुम्बिक और राष्ट्रीय नैतिकता को मानते हैं और अगली पीढ़ी को शिक्षा देते समय इसी को आदर्श रूप में उनके सामने उपस्थित करते हैं।

धार्मिक संबंध में तीसरे प्रकार के संबंध में मनुष्य अपने आप को जगन्नियंता के उद्देश्यों की पूर्ति करने के लिए उसका साधन समझता है, उस नैतिक शिक्षा का जन्म होता है जो उसी के अनुसार जीवन का अर्थ करती है और यह बताती है कि मनुष्य जगन्नियंता की इच्छा के अधीन है और वह उससे क्या काम लेना चाहता है। संसार में जितनी भी सर्वश्रेष्ठ

नैतिक शिक्षाएं हैं, उन सबका जन्म इसी संबंध से होता है। ब्राह्मण धर्म, बुद्ध धर्म, ताओ धर्म, यूनानी धर्म और ईसाई धर्म की शुद्ध शिक्षाओं की गणना हम इस श्रेणी में कर सकते हैं। इनमें यह कहा गया है कि जिस प्रभु ने हमें इस संसार में भेजा है उनकी इच्छा की पूर्ति करने के लिए मनुष्य को न केवल अपना व्यक्तिगत हित, बल्कि कुटुम्ब, समाज और देश का हित भी बलिदान कर देना चाहिए और प्रभु की यह इच्छा अपने अन्त:करण से जानी जाती है। इस तरह व्यक्ति संसार के प्रति उपरोक्त तीनों प्रकारों में से जिस किसी प्रकार का संबंध स्थापित करता है, उसी के अनुरूप उसकी वास्तविक और विशुद्ध नैतिकता का जन्म होता है। जिस नैतिकता को मानने का वह दावा करता है अथवा जिस नैतिकता का वह प्रचार करता है, वह उसकी वास्तविक नैतिकता से भिन्न वस्तु हो सकती है। वह अपने अनुसार अपना बाहरी रूप रख सकता है; किन्तु उसका असली रूप उपरोक्त संबंधों की कल्पना के अनुरूप ही होगा।

इसी के अनुसार मनुष्य संसार के प्रति अपने संबंध की वास्तविकता इसी बात से समझता है कि अपने लिए अधिक से अधिक सुख प्राप्त किया जाए। भले ही मनुष्य कहता रहे कि वह अपने कुटुम्ब, समाज, राष्ट्र, मानवता अथवा परमात्मा की इच्छा की पूर्ति के लिए जीवित रहना नैतिक समझता है और वह चाहे जितनी चतुराई के साथ दंभ क्यों न करे और लोगों को धोखा क्यों न दे, किन्तु हमेशा उसका वास्तविक लक्ष्य केवल व्यक्तिगत हित साधन ही रहेगा। इस प्रकार जब उसके सामने चुनाव करने का अवसर आता है तो वह अपने परिवार राष्ट्र अथवा ईश्वर के आदेश के मुकाबले में अपने व्यक्तित्व का बलिदान नहीं करता, बल्कि अपनी खातिर इन सबका बलिदान कर देता है। चूँकि वह व्यक्तिगत हित साधन को ही जीवन का लक्ष्य समझता है, इसलिए वह इसके अलावा और कुछ कर ही नहीं सकता, जब कि वह विश्व के प्रति अपने संबंध की कल्पना में परिवर्तन नहीं करता।

जो भी मनुष्य अपने परिवार की सेवा करना (जैसा कि ज्यादातर स्त्रियां समझती हैं) अथवा अपने वंश या राष्ट्र की सेवा करना जीवन का उद्देश्य समझता है (जैसा कि दलित जातियाँ और लड़ाई-झगड़ों के समय क्रियाशील राजनीतिज्ञ समझते हैं), वह अपने आपको चाहे जितना ईसाई घोषित क्यों न करे, उसकी नैतिकता हमेशा कौटुम्बिक अथवा राष्ट्रगत होगी, धार्मिक नहीं और जब कभी परिवार अथवा ईश्वर के आदेशों की पूर्ति में संघर्ष उत्पन्न होता है तो वह अनिवार्यत: उस समूह की सेवा करना पसंद करता है, जिसके लिए वह अपने जीवन का अस्तित्व को आवश्यक समझता है, क्योंकि इस प्रकार की सेवा को ही

वह जीवन का उद्देश्य समझता है। इसी प्रकार जो ईश्वर के आदेशों की पूर्ति करना जीवन का उद्देश्य समझता है, उसको आप चाहे जितना समझाइए कि अपना, अपने परिवार, अपनी जाति, साम्राज्य अथवा समस्त मानव जाति का हित करने के लिए ईश्वर के आदेशों की अवहेलना की जा सकती है (विवेक और प्रेम के सहारे ईश्वर के आदेश को जाना जाता है), परन्तु वह ईश्वरीय आदेशों की अवहेलना करने की अपेक्षा समस्त मानव जिम्मेदारियों को बलिदान कर देगा; क्योंकि वह इस प्रकार के आचरण को ही जीवन का उद्देश्य समझता है। नैतिकता धर्म से अलग नहीं हो सकती, क्योंकि इसकी उत्पत्ति धर्म से नहीं होती, बल्कि धर्म में ही उसका समावेश होता है। हर धर्म इस प्रश्न का उत्तर देता है कि "मेरे जीवन का क्या उद्देश्य है?" धर्म इस प्रश्न का जो उत्तर देता है उसमें कुछ नैतिक आदेशों का समावेश होता है जो जीवन के उद्देश्य का स्पष्टीकरण करते हैं। "जीवन का क्या लक्ष्य है?" इस प्रश्न का यह उत्तर हो सकता है: "व्यक्तिगत हित साधन ही जीवन का लक्ष्य है, इसलिए तुम्हें जो साधन उपलब्ध हैं, उनका अधिक से अधिक उपयोग करो।" अथवा "अमुक जन समूह का हित साधन करना जीवन का लक्ष्य है, इसलिए शक्ति के अनुसार उस समूह की सेवा करो।" अर्थात "जिस ईश्वर ने तुमको इस दुनिया में भेजा है, उसकी इच्छा की पूर्ति करना जीवन का लक्ष्य है, इसलिए उस इच्छा को जानने और पूरा करने की शक्ति भर कोशिश करो।" अथवा इसी प्रश्न का उत्तर इस प्रकार भी दिया जा सकता है- "तुम्हारे जीवन का लक्ष्य व्यक्तिगत सुख का उपभोग करना है, मनुष्य जीवन का यही लक्ष्य होता है।" अथवा "उस समुदाय की सेवा करना तुम्हारे जीवन का लक्ष्य है, जिसका तुम ख़ुद का अंग समझते हो, क्योंकि यही तुम्हारा भवितव्य है अथवा ईश्वर की सेवा करना तुम्हारे जीवन का उद्देश्य है, क्योंकि यही तुम्हारी भाग्य रेखा है।"

जीवन के उद्देश्य का धर्म जो व्याख्या करता है उसमें नैतिकता का समावेश होता है और इसलिए किसी भी तरह उसको धर्म से अलग नहीं किया जा सकता। गैर ईसाई दार्शनिकों के प्रयासों में यह सत्य विशेष रूप से प्रकट है उन्होंने अपने तत्वज्ञान के द्वारा सर्वश्रेष्ठ नैतिकता का प्रतिपादन करने का प्रयास किया है। इन दार्शनिकों का मत है कि ईसाई नैतिकता अनिवार्य है, हम उसके बिना जीवित नहीं रह सकते। दार्शनिक यह भी मानते हैं कि वह पहले ही अस्तित्व में आ चुकी है। उसको गैर ईसाई तत्वज्ञान के साथ सम्बद्ध करने का कोई न कोई मार्ग निकालना चाहते हैं और वे तथ्यों को इस रूप में उपस्थिति करने का प्रयास करते हैं जैसे कि ईसाई नैतिकता का उनके निम्न श्रेणी के

सामाजिक तत्वज्ञान से उद्भव हुआ हो। यही उनकी कोशिश होती है; किन्तु अन्य किसी बात की अपेक्षा उनके लिए स्वयं के प्रयास ही यह सिद्ध कर देते हैं कि ईसाई नैतिकता न केवल व्यक्तिगत अथवा सामाजिक तत्वज्ञान से पृथक है, बल्कि व्यक्तिगत हित साधन अथवा नीजी दुखों से मुक्ति पाने अथवा सामाजिक हित साधन करने को अपने उद्देश्य बताने वाले तत्वज्ञान के हर प्रकार से विपरीत है।

हम अपने जीवन की धार्मिक कल्पना के अनुसार ईसाई नैतिकता को स्वीकार करते हैं, वह हमें यह बताती है कि हम समाज के लिए व्यक्ति का बलिदान कर दें, बल्कि प्रभु की सेवा के निमित्त व्यक्ति और समाज दोनों को त्याग दो। इसके विपरीत सांसारिक तत्वज्ञान केवल इस बात का पता लगता है कि किस प्रकार व्यक्ति अथवा समाज के लिए अधिक से अधिक सुख प्राप्त किया जा सकता है। अत: दोनों में अंतर अनिवार्य है। इस अंतर को छिपाने का एक ही उपाय है और वो यह है कि एक के बाद एक सशर्त कल्पनाओं का जाल बिछा दिया जाए और अध्यात्मवाद के धुंधले क्षेत्र से बाहर न जाया जाए।

जितने भी दार्शनिक उत्थान काल के पश्चात हुए हैं, उन्होंने यही किया है। पूर्व स्वीकृत ईसाई नैतिकता के आदेशों के साथ सांसारिक आधार पर निर्मित तत्वज्ञान के आदेशों का मेल बिठाने की असंभव कोशिश का ही यह परिणाम है कि आधुनिक तत्वज्ञान में हमको घोर अवास्तविकता, स्पष्टता, गहनता और जीवन से भिन्नता दृश्यमान होता है। स्पिनोजा और काण्ट इसके अपवाद हुए हैं। स्पिनोजा अपने को ईसाई नहीं कहता था; किन्तु उसका तत्वज्ञान सच्चे ईसाई आधारों पर विकसित हुआ है और काण्ट एक प्रतिभाशाली व्यक्तिथा। उसने जिस नैतिक प्रणाली का प्रतिपादन किया, उसको अपने आध्यात्म ज्ञान पर अवलम्बित नहीं रखा। इन दोनों तत्ववेत्ताओं के अलावा शेष तत्ववेत्ताओं, यहाँ तक कि प्रतिभाशाली शोपनहार तक ने अपने नीति नियमों और अपने आध्यात्म ज्ञान के बीच प्रकट रूपेण कृत्रिम संबंध जोड़ने का प्रयास किया है।

यह महसूस किया जाता है कि ईसाई नीति नियम ऐसे नियम हैं, जो पहले ही स्वीकार कर लिए जाने चाहिए। ये स्वयंसिद्ध नियम हैं यह किसी तत्वज्ञान पर निर्भर नहीं करते। उनको कृत्रिम सहारों की आवश्यकता नहीं। यह भी महसूस किया जाता है कि तत्वज्ञान केवल कुछ तथ्यों का प्रतिपादन करता है ताकि नीति नियम उसका खण्डन न कर सकें, बल्कि उसके साथ जुड़े रहें और ऐसा लगे जैसे उसी से उनका जन्म हुआ है। इस प्रकार तथ्यों का जब हम सूक्ष्म रूप में विचार करते हैं तो ऐसा प्रतीत होता है मानो वे ईसाई नीति

नियमों का ही समर्थन करते हैं। किन्तु जैसे ही उनको व्यावहारिक जीवन के नियमों पर लागू किया जाता है वैसे ही तत्त्वज्ञान और नैतिकता में असमानता और विसंगतता पूर्णत: नज़र आने लगती है।

पिछले दिनों में प्रसिद्ध हो चुके अभागे नीत्शे ने इस विरोधाभास का भाँडा फोड़ करके बहुमूल्य सेवा की है। वह कहता है कि प्रचलित गैर-ईसाई तत्त्वज्ञान के लिहाज से नैतिकता के तमाम नियम असत्य और दम्भ के नमूने हैं और यह कहीं अधिक लाभदायक, सुखदायक और युक्तियुक्त है कि मनुष्य अपने ही सर्वश्रेष्ठ व्यक्तियों का निर्माण करे और खुद भी महापुरुष बन जाए, बजाए इसके कि वह अकिंचन बन कर रहे, जिन्हें कि महापुरुषों के लिए फाँसी के तख्ते का काम अंजाम देना पड़ता है। नीत्शे के इस कथन का खण्डन नहीं किया जा सकता। जीवन के सांसारिक दृष्टिकोण पर अवलंबित तात्विक मंतव्यों से यह सिद्ध नहीं किया जा सकता कि जिस हित की वह कामना करता है, जिसको वह समझता है और जो उसे अपने लिए अथवा अपने कुटुम्ब या समाज के लिए संभव प्रतीत होता है, उसके लिए नहीं, बल्कि दूसरों की भलाई के लिए जीवित रहना अधिक लाभदायक और बुद्धिमत्तापूर्ण है। दूसरों की भलाई की उसे न इच्छा होती है और न ही वह अपनी अल्प मानव शक्ति से उसको प्राप्त ही कर सकता है। जो तत्त्वज्ञान मनुष्य के कल्याण तक मर्यादित जीवन के दृष्टिकोण पर आधार रखता हो, वह तर्क पर भरोसा रखने वाले उस व्यक्ति के आगे, जो यह जानता है कि वह किसी भी क्षण मर सकता है, यह साबित नहीं कर सकता कि उसके लिए यह अच्छा है और उसे अपना मनोवांछित, बुद्धिगम्य और असंदिग्ध हित छोड़ देना चाहिए, दूसरे के किसी निश्चित हित के लिए नहीं (वह यह भी जान नहीं सकता कि उसके बलिदानों का फल क्या निकलेगा) बल्कि केवल इस ख़याल से कि ऐसा करना सही या अच्छा है- अर्थात् वह यह सिद्ध नहीं कर सकता उसके लिए वैसा करना स्पष्ट रूप से आवश्यक है।

यदि हम सांसारिक तत्त्वज्ञान के अनुसार इसे साबित करना चाहें तो यह असंभव है। सब लोग बराबर हैं, दूसरों से अपना कार्य कराने के लिए उनके जीवन को ख़त्म करने के स्थान पर यह अच्छा है कि मनुष्य दूसरों की सेवा के लिए अपने जीवन का बलिदान कर दे, यह साबित करने के लिए उसको संसार के प्रति अपने संबंधों की फिर से व्याख्या करनी पड़ेगी। उसे यह सिद्ध करना पड़ेगा कि मनुष्य की स्थिति ही ऐसी है कि उसके सामने एक ही मार्ग है, उसके जीवन का एक ही उद्देश्य है कि जिस परमात्मा ने उसको इस संसार में भेजा

है, उसकी इच्छा की पूर्ति करे और वह इच्छा यही है कि उसे मनुष्यों की सेवा के लिए अपना जीवन अर्पित कर देना चाहिए। विश्व के प्रति मनुष्य के संबंधों में यह परिवर्तन धर्म के द्वारा ही हो सकता है।

ईसाई नैतिकता का प्रतिपादन और उनके साथ भौतिक विज्ञान के मूलभूत आधारों के अनुसार मेल बिठाने के प्रयास का यही परिणाम होता है। आप चाहे जितना भी बाल का ख़ाल निकाल लें और चाहे जितना दम्भ करें, इस सरल और स्पष्ट सत्य को नहीं मिटाया जा सकता कि विकास का क़ानून जो आजकल के समस्त विज्ञान का मूलाधार है, इस सामान्य, शाश्वत और अपरिवर्तनीय क़ानून पर आश्रित है कि जीवन के लिए संघर्ष हो रहा है और उसमें वही सफल होता है जो सबसे अधिक बलवान होता है। इसलिए प्रत्येक मनुष्य को अपना और अपने समुदाय का कल्याण सिद्ध करने के लिए अपने को और अपने समुदाय को सबसे अधिक बलवान बनाना चाहिए, जिससे वह और उसका समुदाय नष्ट न हो, बल्कि जो बलवान नहीं है केवल वही नष्ट हो।

निम्नलिखित क़ानून के तर्क संगत परिणामों और मानव जीवन पर उनको लागू करने की कल्पना से भयभीत होकर कुछ प्रकृतिवादी शब्दों द्वारा इस विषय को जटिल बनाने और इस क़ानून की कठोरता को कम करने की कितनी ही कोशिश क्यों न करें, उनके प्रयासों का सिर्फ यही परिणाम निकलता है कि इस क़ानून की अनिवार्यता और भी अधिक स्पष्ट हो जाती है। यह क़ानून समस्त एंद्रियिक सृष्टि पर शासन करता है और चूंकि मनुष्य भी पशु ही समझा जाता है, इसलिए वह भी इसी के अधीन है।

जिस समय मैंने यह लेख लिखना आरम्भ किया तो मि० हक्सले का एक लेख रूसी भाषा में प्रकट हुआ। यह उस भाषण का सार था जो मि० हक्सले ने किसी अंग्रेजी संस्था के सामने 'विकास नैतिकता' विषय पर दिया था। इस लेख में विद्वान प्रोफेसर ने सुप्रसिद्ध रूसी प्रोफेसर बेकेटोफ और इस विषय के अन्य लेखकों की तरह यह सिद्ध करने की असफल कोशिश की है कि जीवन के लिए संघर्ष का नियम नैतिकता का खण्डन नहीं करता और यह कि जीवन संघर्ष को जीवन का मौलिक नियम मान लेने के साथ-साथ नैतिकता न केवल कायम रह सकती है, बल्कि विकास भी कर सकती है। मि. हक्सले के लेख में प्राचीन धर्म और दर्शन पर तरह-तरह के विनोदात्पद वाक्य, पद्य और सामान्य विचार भरे पड़े हैं और परिणामस्वरूप वह इतना अलंकारपूर्ण और जटिल हो गया है कि बहुत अधिक प्रयास करने पर ही उसकी मूलभूत कल्पना का पता लग सकता है। वह कल्पना इस प्रकार

है: विकास का नियम, नैतिक नियम के विरुद्ध जाता है। प्राचीन यूनानियों और हिन्दुओं को इस बात का पता था। इन दोनों के तत्वज्ञान और धर्म ने उनको आत्म त्याग के सिद्धांत को अपनाने के लिए प्रेरित किया है लेखक के अनुसार यह सही सिद्धांत नहीं है। सही सिद्धांत की बात करें तो: एक नियम है जिसको लेखक विकास का नियम कहता है और जिस के अनुसार सब प्राणी आपस में संघर्ष करते हैं और जो सबसे बलवान होता है, वही जीवित रहता है। मनुष्य भी इसी नियम के अधीन है। इसी की कृपा का फल है कि मनुष्य उसकी आज कि स्थिति में पहुँच पाया है; किन्तु यह नियम नैतिकता के विपरीत है। तब फिर उसका नैतिकता के साथ सामंजस्य कैसे हो सकता है? यह इस तरह हो सकता है- सामाजिक विकास का भी एक नियम है। वह संघर्ष के नियम पर अंकुश रखने का प्रयास करता है और उसके स्थान पर दूसरी अर्थात् ऐसी नैतिक प्रणाली जारी करना चाहता है जिसके अनुसार सबसे बलवान नहीं, बल्कि नैतिक अर्थों में जो सर्वश्रेष्ठ हो, वह जीवित रहे। मि० हक्सले ने यह नहीं बताया कि यह नैतिक प्रणाली आखिर उत्पन्न कहाँ से हुई है? किन्तु वह कहता है कि इस प्रणाली के मूल में एक ओर यह तथ्य है कि पशुओं की तरह मनुष्य भी समूह में रहना पसंद करते हैं और इसलिए समाज के लिए हानिकर गुणों को दबाकर रखते हैं तथा दूसरी ओर यह बात भी होती है कि समाज के लोग समाज के हित के विरुद्ध पड़ने वाली प्रवृत्तियों को बलपूर्वक दबा देते हैं। मि. हक्सले का यह ख़याल प्रतीत होता है कि अपने समूह को कायम रखने के लिए और समाज के दण्ड के भय से मनुष्य अपनी इच्छाओं पर संयत रखने के लिए बाध्य होता है और इसीलिए नैतिक कानून बना है जिसका मि. हक्सले अस्तित्व सिद्ध करना चाहते हैं। मि. हक्सले इतने भोले हैं कि अंग्रेजी समाज में निम्न श्रेणियों की दरिद्रता, धनवानों की निरंकुश विलासिता, अफ़ीम और शराब का व्यापार, फाँसी लगाने की प्रथा, व्यापार और राजनीति की खातिर आदिम निवासियों को निर्मूल करने की योजना, गुप्त व्यभिचार और दम्भ आदि दोषों के होते हुए भी यह मान लिया जाता है कि जो मनुष्य पुलिस के नियमों को नहीं तोड़ता, वो मनुष्य सदाचारी है और नैतिक क़ानून को मानता है। वो यह भूल जाता है कि जिस समाज में व्यक्ति रहता है, उस समाज को कायम रखने के लिए जिन गुणों की आवश्यकता होती है, वे उस समाज के लिए उपयोगी हो सकते हैं, जिस प्रकार लुटेरों के एक दल के लोगों के गुण उस दल के लिए उपयोगी हो सकते हैं अथवा हमारे अपने समाज में जल्लादों, जेलरों, न्यायाधीशों, सैनिकों और पाखण्डी पण्डे-पुजारियों के गुणों का हम उपयोग करते हैं, किन्तु इन गुणों का नैतिकता के साथ कोई सरोकार नहीं हो सकता।

हम यदि नैतिकता की बात करें तो यह एक ऐसी वस्तु है, जिसका विकास निरंतर होता रहता है, इसलिए अमुक समाज के प्रचलित नियमों का पालन करने और बन्दूक की नोक अथवा फाँसी (मि. हक्सले ने इन्हीं को नैतिकता के अस्त्र के नाम से संबोधित किया है) के जरिये उन नियमों को कायम रखने से नैतिकता न केवल कायम रहेगी, बल्कि इस प्रकार नैतिकता को भंग करना होगा। इसके विपरीत प्रचलित अवस्था का भंग करना अर्थात् मुकद्मे बाजी और जन संहार के कार्यों में हिस्सा न लेना का तात्पर्य नैतिकता को तोड़ना नहीं है, बल्कि नैतिकता के प्रदर्शन का अनिवार्य रूप से घोतक होगा। ईसा मसीह और उनके शिष्यों ने भी तो तत्कालीन रोमन नियमों को तोड़ा था।

हर नरभक्षी जो यह समझता है कि उसे मनुष्यों का मांस नहीं खाना चाहिए और उसी के अनुसार आचरण करता है, अपने समाज के नियम को तोड़ता है। हालाँकि किसी समाज का नियम भंग करना अनैतिक हो सकता है, किन्तु ऐसा प्रत्येक नैतिक कार्य, जो नैतिकता की सीमा को बढ़ाता है, वह निश्चय ही समाज की व्यवस्था का उलंघन करता है। इसलिए यदि समाज में ऐसे नियम का अस्तित्व प्रकट हुआ है जिसके अनुसार समाज की एकता की रक्षा करने के लिए लोग अपने व्यक्तिगत स्वार्थों का बलिदान कर देते हैं तो वह नैतिक नियम नहीं कहला सकता, बल्कि इसके विपरीत साधारणत: वह समस्त नीतिशास्त्र के विपरीत होगा; वह तो छिपे हुए रूप में वही जीवन संघर्ष का नियम होगा, इस अंतर के साथ कि उसकी सीमा व्यक्ति से व्यक्ति समूह तक विस्तृत हो जाती है। इसमें संघर्ष का अन्त नहीं होता, यह तो केवल हाथ को जरा पीछे की ओर ले जाना हुआ जिससे पहले से भी ज्यादा गति से प्रहार किया जा सके।

अगर जीवन संघर्ष का नियम, सबसे बलवान व्यक्ति के जीवित रहने का नियम, संसार का शाश्वत नियम हो (यदि हम मनुष्य को पशु की श्रेणी में मान लें तो हमें यह मानना पड़ेगा कि यह संसार का शाश्वत नियम है) तो हम सामाजिक विकास की कल्पना और उससे उद्भव होने वाले नैतिक क़ानून के बारे में चाहे जितना गंभीर वाद विवाद करें, उक्त 'शाश्वत नियम' को आंच नहीं आ सकती।

सामाजिक विकास की कल्पना, जैसा कि मि. हक्सले हमें बताते हैं, मनुष्यों को समूह रूप में एक साथ कर देती है तो उन परिवारों, खानदानों और राष्ट्रों में संघर्ष जारी रहेगा और यह संघर्ष ज्यादा नैतिक नहीं होगा, बल्कि जैसा कि हम वास्तविक जीवन में देखते हैं, व्यक्तियों के संघर्ष की अपेक्षा अधिक निर्दय और अनैतिक होगा। यदि हम असम्भव को

सम्भव मान लें और यह कल्पना करें कि अगले आने वाले हजार वर्षों में सारी मानव जाति केवल सामाजिक प्रगति की भावना द्वारा एक ईकाई बन जाएगी और एक ही जाति और एक राष्ट्र के झण्डे तले एकत्र हो जाएगी, तो भी (यदि हम इस ख़याल को एक ओर रख दें कि जातियों और राष्ट्रों में जिस संघर्ष का अन्त हो चुका होगा, वह मनुष्यों और प्राणी जगत में जारी रहेगा और यह संघर्ष सदा संघर्ष ही रहेगा अर्थात् जिस ईसाई नैतिकता की सम्भावना हम स्वीकार करते हैं, उसकी सीमा से वह परे रहेगा) इस महासंघ के व्यक्तियों, परिवारों, खानदानों और जातियों और राष्ट्रों के सभी समूहों में देखते हैं। परिवार के लोग यदि बाहरी लोगों के साथ लड़ते-झगड़ते हैं तो वह आपस में भी लड़ते-झगड़ते हैं और ज़्यादातर लोग आपस में ज़्यादा मात्रा में और अधिक शत्रुता के साथ लड़ते हैं। यही अवस्था एक राष्ट्र में दिखाई देती है। एक राष्ट्र में जो लोग रहते हैं उनमें लड़ाई होती रहती है जैसे दूसरे राष्ट्रों में रह रहे लोगों में होती है, सिर्फ उस झगड़े का रूप बदल जाता है। एक उदाहरण में तीरों और चाकुओं से हत्या होती है और दूसरे में भूख के द्वारा। यदि परिवार और राष्ट्र दोनों में कमजोरों की रक्षा होती है तो वह सामाजिक एकता के कारण नहीं, बल्कि इसलिए होती है कि परिवारों और राष्ट्रों में आबद्ध लोगों में प्रेम और त्याग की भावना विद्यमान होती है। परिवार के बाहर यदि दो बच्चों में से जो ज़्यादा बलवान होता है, वह जिन्दा रहता है तो एक भली माता के परिवार में दोनों बच्चे जीवित रहते हैं, इसकी वजह परिवारों का संगठन होना नहीं है, बल्कि यह माता के प्रेम और त्याग का फल होता है। सामाजिक संगठन द्वारा त्याग और प्रेम दोनों का उदय नहीं हो सकता।

सामाजिक संगठन से नैतिकता पैदा होती है यह कथन ठीक वैसा ही है कि चूल्हों के बनाने से गर्मी पैदा होती है। गर्मी सूरज से पैदा होती है और चूल्हे से गर्मी तभी पैदा होती है जब उसमें ईंधन डाला जाता है, जो सूरज के द्वारा बनता है। इसी तरह नैतिकता का जन्म 'धर्म' से होता है। विशेष प्रकार का सामाजिक संगठन उसी समय 'नैतिकता' उत्पन्न कर सकता है जब धार्मिक प्रभाव के परिणामों का उसमें प्रसार होता है, तो इन्हीं परिणामों का नाम नैतिकता है।

चूल्हे गर्मी तभी दे सकते हैं जब उनमें आग सुलगाई जाए। यदि आग नहीं सुलगाई जाएगी तो वे ठण्डे पड़े रहेंगे। इसी तरह समाज संगठनों में नैतिकता हो सकती है, उस दशा में वे समाज पर नैतिक प्रभाव डाल सकते हैं। यदि उनमें नैतिकता न हो तो उनका समाज पर कोई प्रभाव नहीं होगा।

जीवन की सांसारिक अथवा सामाजिक कल्पना ईसाई नैतिकता पर ही खड़ी नहीं की जा सकती। वह तत्वज्ञान अथवा विज्ञान से भी नहीं निकाली जा सकती। न केवल यही, बल्कि इनके साथ उसका मेल भी नहीं बिठाया जा सकता।

हर गहन और पूर्ण रूप से तर्क संगत तत्वज्ञान और विज्ञान ने इस विषय को सदा ही इसी रूप में समझा है, उनमें बिल्कुल ठीक कहा गया है- "यदि हमारे विचार नैतिकता से मेल नहीं खाते तो यह नैतिकता का मंद भाग्य है।" और उनकी खोज निरंतर जारी है।

वह निबंध जिसमें नैतिकता होती है, उनमें धर्म को आधार नहीं माना जाता बल्कि उनमें अलौकिक प्रश्नोत्तर लिखे और पढ़ाए जाते हैं और लोग यह सोच सकते हैं कि मानव जाति उनसे पथ प्रदर्शन पाती है; हालाँकि ऐसा दिखाई भी देता है। कारण लोग वस्तुत: इन निबन्धों और प्रश्नोत्तरियों के द्वारा अपना मार्ग तय नहीं करते, बल्कि उन धर्मों का आश्रय लेते हैं जिन्हें वे हमेशा मानते आए हैं और अब भी मानते हैं। जो बातें स्वाभाविक रूप से धर्म से निकलती है, इन निबंधों और प्रश्नोत्तरियों में उनकी केवल झूठी नकल मात्र होती है।

लौकिक नैतिकता के आदेश धार्मिक शिक्षा पर अवलम्बित नहीं होते, उनकी तुलना उस आदमी के कार्य से की जा सकती है जो संगीत तो नहीं जानता, फिर भी निर्देशक के स्थान पर जा बैठता है और अनुभवी संगीतज्ञों के आगे, जो संगीत सुना रहे होते हैं, अपने हाथ हिलाने लगता है। थोड़ी देर के लिए तो संगीत, अपने ही प्रवाह के जोर से जारी रहेगा और इसलिए भी जारी रहेगा कि संगीतज्ञों ने पुराने निर्देशकों से कुछ सीखा हुआ होगा। किन्तु यह स्पष्ट है कि एक अनाड़ी आदमी के लकड़ी हिलाने मात्र से कोई नतीजा नहीं निकल सकता, बल्कि अंतत: उसका इसके सिवाय और कोई परिणाम न निकलेगा कि संगीतज्ञ आफत में पड़ जाएंगे और आरचेस्ट्रा (एक अंग्रेजी वाद्य) विसंगठित हो जाएगा। इसी प्रकार की गड़बड़ आजकल लोगों के दिमागों में पैदा होने लगती है, जब समाज के अगुआ लोगों को ऐसी नैतिकता की शिक्षा देना शुरू करते हैं जो सर्वोत्तम धर्म पर आधारित नहीं होती। इसी प्रकार की नैतिकता को लोगों ने ग्रहण किया हुआ है।

यह आवश्यक है कि अंधविश्वास रहित नैतिकता की शिक्षा दी जाए; किन्तु असलियत यह है कि नैतिक शिक्षा उस संबंध का परिणाम होती है जो मनुष्य संसार के प्रति अथवा ईश्वर के प्रति नैतिकता कायम करता है। यदि यह संबंध ऐसे रूप में प्रकट होता है जो उनमें अंधविश्वास मूलक प्रतीत हो तो हम उस संबंध को ज्यादा विवेकपूर्वक, स्पष्ट और ठीक-ठीक रूप में व्यक्त करने का प्रयास करें अथवा इस संबंध की पुरानी कल्पना को

नष्ट भी कर डालें (जो अब काफी नहीं है) और उसके स्थान पर अधिक श्रेष्ठतर, स्पष्टतर और अधिक विवेकपूर्ण कल्पना प्रचलित करें। किन्तु हमें कभी भी कथित, लौकिक, धर्म रहित नैतिकता का योजना नहीं करनी चाहिए जो मिथ्या दलीलों पर आश्रित हो अथवा किसी पर आश्रित ही न हो।

नैतिकता को धर्म से अलग प्रचलित करने का प्रयास ठीक वैसा ही है जैसा कि बच्चे किया करते हैं। जब वे किसी सुन्दर फूल को दूसरी जगह लगाना चाहते हैं तो उसे उस टहनी से तोड़ लेते हैं जो उन्हें कुरूप या बेकार प्रतीत होती है और बिना किसी मूल के सहारे ज़मीन में गाढ़ देते हैं। लेकिन जिस तरह बिना मूल के असली फूल ज़िंदा नहीं रह सकता, उसी प्रकार धार्मिक मूल के बिना असली, सच्ची नैतिकता का भी अस्तित्व नहीं हो सकता।

इसीलिए दूसरे प्रश्न का, मैं यह उत्तर देता हूं:- "धर्म वह संबंध है जो मनुष्य अपने पृथक व्यक्तित्व और इस असीम संसार अथवा उसके मूल कारण परमात्मा के साथ स्थापित करता है और नैतिकता जीवन की वह सदा प्रस्तुत पथ-प्रदर्शिका है जो उस संबंध से पैदा होती है।"

•••